BT
REPORT

2030 미래유망 신자격증

2022개정판

저자 비피기술거래 비피제이기술거래

㈜ 비티타임즈

<제목 차례>

1. 서론

1. 서론

평생학습사회와 능력중심사회의 도래로 자격증의 의미는 점점 강조되고 있다. 자격증은 어떤 자격을 인정하여 주는 증서로, 인적자원의 직무 수행능력이 산업계의 수요에 맞게 개발되었는지, 개발되었다면 그 숙련도는 어느 정도인지를 자격관리자가 일정한 기준과 절차에 따라 평가하여, 기준점 이상을 통과한 사람에게 발급해주는 증서이다. 기업입장에서는 사람의 능력을 평가할 때 기준 중 하나가 자격증이 될 수 있으며, 자격증 수요자 입장에서는 관심분야의 정보를 습득하고자 할 때 자격증만큼 좋은 수단은 없을 것이다.

한 취업포털에서, 2015년 조사한 설문조사에 따르면 우리나라 성인들이 자격증을 취득하는 이유 1위가 '스펙 향상과 취업을 위해서'인 것으로 나타났다. 이러한 조사결과를 미루어 보았을 때 자격증과 직업은 상당한 연관이 있다고 볼 수 있다. 실무를 접하기 전 이론을 습득할 수 있는 수단이 자격증이 될 수 있기 때문이다.

따라서 매년 높아지는 취업문턱과 빠른 퇴직으로 미래 준비를 위한 자격증 취득과정이 큰 인기를 끌고 있다. 취업준비생은 물론 주부, 직장인들까지 역량개발을 위해 자격증을 취득하고 있는 상황이다. 취업을 위해 혹은 취미, 투잡, 은퇴 후 제2의 직업을 위해 자격증을 취득하고자 하는 것이다.

이제는 4차 산업혁명이 도래하면서 새로운 기술 분야가 생겨나고 이와 관련된 직업도 새로 생겨나고 있다. 드론이나 인공지능, 로봇 등 다양한 기술 분야에서 가파른 상승세를 보이고 있는 4차 산업에 대비하기 위해 노동부는 미래유망직종 관련 국가기술자격을 신설하기도 하였다. 2025년까지 드론 관련 일자리를 16만 4천개를 창출한다는 계획이 발표되면서 드론 자격증에 대한 문의가 폭발적으로 증가하고 있는 것을 보면 자격증을 통해 미래를 준비하는 사람들이 많다는 것을 알 수 있다.

사회는 고도로 발전하고 있으며, 변화되는 사회에서 새로운 자격증은 계속해서 늘어나고, 미래에 전도유망한 자격증은 계속해서 바뀌고 있다. 기회는 미리 준비한 자만이 잡을 수 있으며, 미래를 준비하는 수단 중 하나가 자격증이 될 수도 있다.

본보고서는 4차 산업혁명을 맞이하여 기존 자격증 중에서 향후 중요도가 높아질 수 있는 자격증과 최근 트렌드에 따라 새로 만들어진 자격증을 기술·공학, IT·인터넷, 의료·건강, 주택·건축, 경영·컨설팅, 상담·복지, 행정·인사, 관광·문화·여가, 안전·보안, 환경·반려동물, 농업·수산업, 기타 총 12개 분야로 나누어 소개하였다. 국가자격증 뿐 아니라 미래에 유망한 분야면 민간자격증도 다루었으며, 별도로 국가에서 19-21년 신설한 자격증도 다루었다.

2. 자격증 종류

2. 자격증 종류

자격증엔 크게 국내 자격증과 국제 자격증이 있으며, 국내 자격증은 다시 국가자격, 민간자격 등 두 가지로 나눌 수 있다.

가. 국가 자격

국가자격은 법령에 따라 국가가 신설하여 관리*운영하는 자격증을 말하는데, **국가기술자격과 국가전문자격**으로 구분할 수 있다. 국가 기술자격은 국가나 지방자치단체, 공공기관의 업무를 담당하는 산업현장의 수요에 적합한 자격제도를 확립함으로써 기술 인력의 직업능력을 개발하고, 기술 인력의 사회적 지위 향상과 국가의 경제발전에 이바지함을 목적으로 만들었다.

국가기술자격은 국가기술자격법에 의해 규정되어 있다. 기술/기능 분야는 기술사-기능장-기사-산업기사-기능사 이렇게 5등급으로 구성되며, 서비스 분야 중 기초사무는 1~3등급, 전문사무는 1~2등급으로 구성되어 있다. 국가기술자격에 대한 문제출제, 시험 집행, 채점, 자격증 교부 및 자격취득자 관리 등 검정업무는 한국산업인력공단(기술/기능분야 495목)과 대한상공회의소(서비스분야 32종목) 에서 위탁받아 시행하고 있다.

국가전문자격은 국가기술자격 외의 국가 자격을 실무상 이렇게 지칭한다. 변호사, 공인회계사, 세무사, 법무사, 감정평가사, 경영지도사, 기술지도사, 보험계리사, 손해사정사, 공인중개사, 주택관리사, 행정사, 사회복지사, 요양보호사, 간호조무사, 환경영향평가사 등등 여러 종류가 있다. 하지만 '정보시스템감리사'처럼 전문기술과 산업기술이 중첩되는 부분이 있어 애매한 구분도 존재한다.

나. 민간자격증

민간자격증은 국가 기관이 아닌 민간이 발행하는 자격증을 의미한다. 현재 국내법에서는 누구나 신고*등록 절차만으로 자격증을 발급할 수 있으나 자격기본법이 개정되어 자격과 관련된 주무부처에서 심사를 하고 있다. 민간자격증은 공인과 비공인 자격으로 구분하는데 공인된 자격은 취업 시 국가자격에 준한 인정을 받기도 한다.

예를 들면, 수화통역사, 점역사와 같은 자격증이다. 다만, 현재 민간자격은 지나치게 많은 종류가 있고, 과거에는 민간자격증을 공신력 있는 국가자격인 양 속이거나 허위과장 광고를 하는 등 자격증 장사를 위한 수단이 되는 문제가 사회 문제가 되었다.

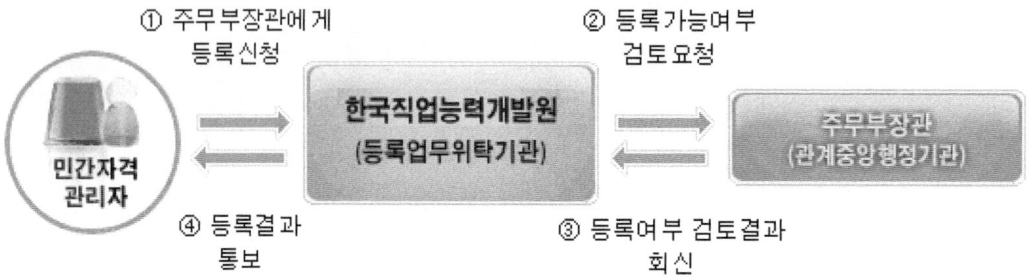

01. (민간자격관리자) 등록 신청

민간자격관리자가 한국직업능력개발원에 등록신청

02. (한국직업능력개발원) 자격관리자 결격사유에 해당하는지 확인 한 후 관계중앙행정기관에 금지분야 해당 여부 및 민간자격 명칭사용 가능여부 확인 요청

03. (관계중앙행정기관) 금지분야 해당 여부 및 명칭사용 가능 여부 회신

04. (한국직업능력개발원) 등록대장 기재 및 등록증 발급

그림 1 민간자격 등록절차

국가로부터 인증을 받은 민간자격인 국가공인자격증과는 달리 일반 민간자격은 등록이 비교적 쉽기 때문에 종류가 많고 같은 분야의 자격증이 난무하기도 한다.

따라서 민간자격증을 취득하고자 할 때는 정확한 정보 확인은 필수적이다. 이로 인해 자격취득 과정에서 소비자 피해가 발생하기도 하는데 대표적 소비자 피해사례로는 불합리한 계약내용, 계약불이행, 표시·광고기준 위반 등이 있다. 관련 피해 건으로 지난 2015년부터 2017년까지 연평균 1400여건(4203건)의 신고가 접수됐다.

이에 정부는 우수한 민간자격에 대해 공인(公認)을 하고 거짓·과장 광고 등에 대해서는 지도·감독 등의 조치를 하고 있다. 구체적으로 결혼상담사, 바리스타, 요가지도사 등 민간자격에 대해 등록갱신제와 표준계약서 도입, 소비자 필요정보 공시 확대, 소비자 피해신고 용이성 제고, 신산업분야 국가공인 민간자격 확대 등의 운영과정 전반의 관리체계가 정비된다.

3. 분야별 자격증

3. 분야별 자격증

가. 기술·공학

1) 초경량비행장치 조종자(드론) 자격증(국가자격)

가) 기본정보

초경량비행장치 자격증은 우리가 흔히 알고 있는 드론자격증의 정확한 명칭이다. 초경량비행장치 중 드론에 해당하는 종류는 무인멀티콥터로, 사람이 타지 않고 무선통신장비를 이용하여 조종하거나, 내장된 프로그램에 의해 자동으로 비행하는 비행체로써, 구조적으로 헬리콥터와 유사하나 양력을 발생하는 부분이 회전익이 아닌 프로펠러 형태로 각 프로펠러의 회전수를 조정하여 방향 및 양력을 조정한다. 사용처는 항공촬영, 농약살포 등에 널리 활용된다.

향후 초경량비행장치 무인멀티콥터 조종자 자격증을 따는 것만으로 취직이 되지 않은 것이 현실이다. 하지만, 드론을 활용하는 곳은 날로 늘어가고 있는데, 전문인력은 부족하다는 지적은 계속 나오면서 군/소방/경찰 채용시에는 가산점이 있다. 이로인해 드론 교육의 수요가 늘어나다보니 교관을 희망하는 사람들도 증가하면서, 최근에는 국토교통부/ 한국교통안전공단에서 드론 자격증을 보유자들을 대상으로 보상과 격려를 위한 챔피언쉽도 진행하는 등 자격증 보유자에 대한 시각과 수요가 달라지고 있다.

또한, 드론 관련 학과들도 많이 생겨나가고 있고, 드론 자격증은 대학입시에도 가산점을 주면서, 2019년 5월 기준으로 약 22,000명이 드론 국가 자격증을 보유하면서 이러한 자격증은 4차 산업의 가장 유망한 자격증중 하나이다.

이로인해, 드론 자격증 취득을 위해서는 이론시험과 실기시험을 치르는데, 실기시험을 치르기 위해서는 12kg 이사의 기체로 드론 비행 경력 20시간 이상이 필수 요소이다. 드론 전문교육기관의 교관에게 장주이착륙, 공중조자, 지표부근에서의 조작, 비정상 및 비상절차 등에 대해 배우고 실습을 해야 한다.

나) 자격정보

(1) 응시자격

드론 자격증을 취득하기 위해서는 초경량 비행장치 조종자 자격 중 무인멀티콥터에 해당하는 응시자격을 갖추어야 한다. 무인멀티콥터의 응시자격은 다음과 같다.

기본 응시자격	비행경력만 있는 경우	항공종사자 자격보유	전문교육기관 이수
14세 이상	해당 종류 총 비행경력 20시간(무인헬리콥터 자격소지자는 10시간)	해당사항 없음	전문교육기관 해당과정 이수

표 1 무인멀티콥터 응시자격

(2) 취득방법

자격시험은 학과시험과 실기시험이 있다.

구분	학과시험	실기시험
시험과목	항공법규, 항공기상, 비행이론 및 운용	조종실무
검정방법	컴퓨터기반시험 40문제 객관식 4지 선단형	구술시험, 실 비행시험
합격기준	70점 이상	모든 채점항목에서 S등급

표 2 초경량비행장치 조종사 자격 면허 취득방법

학과시험 면제 기준은 다음과 같다.

구분	해당사항	면제과목
다른 종류의 자격을 보유한 경우	무인멀티콥터 소지자	무인멀티콥터 학과시험
전문교육기관을 이수한 경우	초경량비행장치조종자/종류 과정 이수	전 과목

표 3 초경량비행장치 조종자 학과시험 면제 기준

(3) 학과시험 과목 및 범위

과목	범위
항공법규	해당 업무에 필요한 항공법규
항공기상	1. 항공기상의 기초지식 2. 항공에 활용되는 일반기상의 이해 등 (무인비행장치에 한함)
비행 이론 및 운용	1. 해당 비행장치의 비행 기초원리 2. 해당 비행장치의 구조와 기능에 관한 지식 등 3. 해당 비행장치 지상 활주(지상 활동) 등 4. 해당 비행장치 이 · 착륙 5. 해당 비행장치 공중조작 등 6. 해당 비행장치 안전관리 등 7. 공역 및 인적요소 등 8. 해당 비행장치 비정상절차 등

표 4 초경량비행장치 조종자 학과시험 과목 및 범위

다) 실기시험 과목 및 범위

실기시험 기준 응시수수료는 2018년 기준 부가세 포함 72,600원이며, 응시자가 비행장치를 준비해야 한다. 항공안전법에 의한 실기시험 시행방법은 구술 및 실 비행 시험으로 진행된다. 시험과목 및 범위는 다음과 같다.

가. 기체 및 조종자에 관한 사항
나. 기상 · 공역 및 비행장에 관한 사항
다. 일반지식 및 비상절차 등
마. 비행 전 점검
바. 지상 활주 (또는 이륙과 상승 또는 이륙동작)
사. 공중조작 (또는 비행동작)
아. 착륙조작 (또는 착륙동작)
자. 비행 후 점검 등
차. 비정상절차 및 비상절차 등

2) 굴삭기운전기능사(국가자격)

가) 기본정보

굴삭기운전가능사는 건설기계인 굴착기를 운전하기 위해 취득해야하는 자격증이다. 이 자격증은 국토교통부가 주무부처로 관장하고 있으며 여느 자격증이 그러하듯 관련 지식을 요하는 필기와 S자 왕복 및 구덩이 파기 등으로 이루어진 실기로 이루어진다. 지게차와 마찬가지로 3톤 미만에 한해 시험을 치르지 않고도 중장비학원을 비롯한 교육기관에서 이론과 실습을 12~18시간 가량 받은 뒤 이수증명서를 받고 면허 발급 기관으로 가서 면허를 발급받으면 운행이 가능하다.

한국산업인력공단이 시험을 관리하며 2010년대 초반만 해도 시험 횟수기 1~2달에 1번인 게 지금은 2번 정도로 늘었다. 하지만 실기의 경우 이전에 실격 판정난 사람까지 몰리는 걸 줄이고자 합격자 발표를 시험 접수일 뒤로 미루는 것도 모자라 발표 전까지는 동일 분야를 접수할 수 없게 막아버림으로서 사실상 실기접수를 1달에 1번밖에 못하게 막았다. 그럼에도 불구하고 원서접수 첫날 9시 정각에 맞춰서 접수를 하지 않으면 자기가 원하는 시간은 커녕 금새 마감될 정도로 경쟁이 치열하다. 물론 시험을 며칠에서 하루 내내 실시하는 곳은 어느 정도 여유가 있다.

나) 시험정보

(1) 응시조건

자동차 운전면허와 비슷하게 보이지만 18세 이상이 되어야 응시가 가능한 자동차 운전면허와는 다르게 굴삭기 운전기능사는 연련제한이 없어 미성년자여도 응시가 가능하다. 하지만 합격하여 자격증을 받아도 성인이 아니기 때문에 건설기계 조종사면허를 발급이 불가능하여 성인이 되기 전까지는 기다려야한다.

(2) 취득방법

구분	학과시험	실기시험
시험과목	굴삭기 조종, 점검 및 안전관리	굴삭기 조종실무
검정방법	전과목 혼합, 객관식 60문항(60분)	작업형(6분 정도)
합격기준	60점 이상	60점 이상

표 5 굴삭기운전기능사 자격 면허 취득방법

(3) 출제기준

2017년부터 '전기 및 작업장치'에서 ;전기, 섀시, 굴삭기 작업장치'로 변경되었다.

나. IT·인터넷*교육

1) ADP;데이터분석 전문가, ADSP;데이터분석 준전문가(국가자격)

가) 기본정보

데이터 분석 전문가란 조직 내부에서부터 기업외부까지의 데이터를 분석하기 위해 컴퓨터 공학, 데이터 공학, 통계학, 경영학적인 지식과 기술을 기반으로 데이터 기반의 정책/제도, 기획, 처리, 분석, 시각화, 운영관리 업무를 수행하고 데이터를 수집, 저장, 분석, 표현하는 체계를 만드는 지식과 기술을 활용하여 프로세스 혁신, 마케팅 전략 등의 과학적인 의사 결정을 이끌어내는 직무를 수행하는 사람을 말한다.

오늘날 데이터 처리 및 분석을 통한 데이터 활용은 생산성 향상, 고부가가치 및 고용 창출 등 국가 경제적 가치 창출의 핵심동력으로 급부상하고 있다. 특히, 과학적 의사 결정의 토대가 되는 데이터 분석은 기업과 국가의 생산성 향상에 기여하는 혁신 도구로 각광을 받고 있다. 기업체들은 자사의 경영 전략에 데이터 분석을 도입하여 수익 증대를 실현할 수 있으며, 데이터 분석을 공공영역에 도입할 경우에는 높은 사회적·경제적 효과가 발생할 것으로 예상된다. 이러한 데이터 분석의 가능성을 실현하기 위해서는 데이터의 다각적 분석을 통해 조직의 전략방향을 제시하는 우수한 역량을 갖춘 데이터 분석 전문가의 확보가 필수적이다.

이에 한국데이터진흥원은 전문 인력의 실질적 수요자인 사업주를 대변하여 데이터 분석 전문가 자격검정을 실시하였고, 이를 통해 산업 현장에 부응하는 민간자격을 부여하고, 자격취득자에게 직무 수행에 대한 자신감 고취와 함께 보다 나은 직무 수행 기회 제공 및 사회적 지위의 향상은 물론 기업의 국제 경쟁력 제고에도 기여할 것이다.

또한, 데이터분석은 분석에 대한 요건을 구체적으로 도출하고, 분석과정을 설계하고, 요건을 실무담당자와 합의 하는 요건정의, 모델링, 검증 및 테스트, 적용 등을 수행한다. 데이터시각화는 다양한 데이터들을 대상으로 어떤 요소를 시각화해야 하는지 정보 구조를 분석하며 어떤 형태의 시각화 모델이 적합한지 시각화에 대한 요건을 정의하고 시나리오를 개발하는 시각화 기획, 모델링, 디자인, 구축, 배포 및 유지보수 등을 수행한다.

나) 시험정보

(1) 응시자격

	응시자격
경력/학력기준	박사학위를 취득한자 석사학위를 취득하고 해당 분야의 실무경력 1년 이상인자 학사학위를 취득하고 해당 분야의 실무경력 3년 이상인자 전문대학 졸업 후 해당 분야의 실무경력 6년 이상인자 고등학교 졸업 후 해당 분야의 실무경력 9년 이상인자
자격기준	데이터 분석 준전문가 자격을 취득한 자

표 6 데이터분석 전문가 응시자격

(2) 과목 및 내용

데이터 분석 전문가 자격검정 시험의 과목은 총 5과목으로 구성되어 있으며 데이터 이해 과목을 바탕으로 데이터 분석 기획, 데이터 분석, 데이터 시각화를 수행하는 능력을 검정한다.

시험과목	주요내용
데이터 이해	빅데이터 특징
데이터 처리 기술 이해	데이터 처리 프로세스
	데이터 처리 기술
데이터 분석 기획	분석 기법 및 의사결정 방식
데이터 분석	R기초와 데이터 마트
	통계분석
	정형 데이터 마이닝
	비정형 데이터 마이닝
데이터 시각화	시각화 인사이트 프로세스
	시각화 디자인
	시각화 구현

표 7 데이터 분석 전문가 과목 및 내용

(3) 출제 문항 및 배점

구분	과목명	문 항수		배점		시험시간
		객관식	서술형	객관식	서술형	
필기	**데이터 이해**	10	1	80 (각 1점)	20	180분 (3시간)
	데이터 처리 기술 이해	10				
	데이터 분석 기획	10				
	데이터 분석	40				
	데이터 시각화	10				
	계	80	1	100		

표 8 데이터 분석 전문가 필기시험(총 문항 수 :81문항)

구분	과목명	배점	시험시간
실기	데이터분석실무	100	240(4시간)

표 9 데이터 분석 전문가 실기시험

(4) 합격기준

합격기준		과락기준
필기합격	총점 100점 기준 70점 이상	과목별 40% 미만
실기합격	실기 총점 100점 기준 75점 이상	
최종합격	응시자격심의 서류 통과자	

표 10 데이터 분석 전문가 합격기준

2) 정보처리기사(국가자격)

가) 기본정보

정보처리기사란 일정한 자격요건을 갖춘 자가 산업인력공단에서 시행하는 정보처리기사 시험에 합격하여 그 자격을 취득한 자를 말한다. 컴퓨터를 효과적으로 활용하기 위해서 하드웨어뿐만 아니라 정교한 소프트웨어가 필요 하다. 이에 따라 우수한 프로그램을 개발하여 업무의 효율성을 높이고, 궁극적으로 국가 발전에 이바지하기 위해서 컴퓨터에 관한 전문적인 지식과 기술을 갖춘 사람을 양성 할 목적으로 제정되었다.

우리나라는 일본, 중국, 베트남 3개국과 MOU를 체결함으로써 일본 소프트웨어개발기술자, 중국 소프트웨어설계자, 베트남 소프트웨어설계기사와 상호 인정되는 자격종목이 되었다.

주요업무로는 기업체 전산실, 소프트웨어 개발업체, SI(system integrated)업체(정보통신, 시스템 구축회사 등), 정부기관, 언론기관, 교육 및 연구기관, 금융기관, 보험업, 병원 등 컴퓨터 시스템을 개발 및 운용하거나, 데이터 통신을 이용하여 정보처리를 시행하는 업체에서 활동하고 있다. 품질검사 전문기관 기술 인력과 감리원 자격을 취득하여 감리 전문회사의 감리원으로 진출할 수 있다.
정보화 사회로 이행함에 따라 지식과 정보의 양이 증대되어 작업량과 업무량이 급속하게 증가했다. 또한 각종 업무의 전산화 요구가 더욱 증대되어 사회 전문분야로 컴퓨터 사용이 보편화되면서 컴퓨터 산업은 급속도로 확대 되고 이 확대는 곧 이 분야의 전문 인력에 대한 수요 증가로 이어졌다.

나) 시험정보

(1) 응시자격 및 결격사유

응시자격에는 제한이 있으며, 다음과 같다.

기술자격 소지자	관련학과 전공자	순수 경력자
· 동일(유사)분야 다른 종목 기사 · 동일종목 외국자격취득자 · 산업기사 + 실무경력 1년 · 기능사 + 실무경력 3년	· 대졸(졸업예정자) · 기사수준의 훈련과정 이수(예정)자 · 3년제 전문대졸 + 실무경력 1년 · 2년제 전문대졸 + 2년 · 산업기사수준 훈련과정 이수 + 2년	실무경력 4년(동일, 유사 분야)

표 11 정보처리기사 응시자격

※ 관련학과 : 모든 학과 응시가능

※ 동일직무분야 : 모든 직무분야

(2) 시험과목 및 검정방법

구분	시험과목	검정방법 및 시험시간
필기시험	① 소프트웨어 설계 ② 소프트웨어 개발 ③ 데이터베이스 구축 ④ 프로그래밍 언어 활용 ⑤ 정보시스템 구축관리	객관식 4지 택일형, 과목당 20문항 (과목당 30분)
실기시험	정보처리 실무	필답형(3시간)

표 12 정보처리기사 시험과목 및 검정방법

(3) 합격기준

① 필기 : 100점을 만점으로 하여 과목당 40점 이상, 전 과목 평균 60점 이상
② 실기 : 100점을 만점으로 하여 60점 이상
-필기시험 면제: 필기시험에 합격한 자에 대하여는 필기시험 합격자 발표일로부터 2년간 필기시험을 면제한다.

(4) 검정현황

연도	필기			실기		
	응시	합격	합격률(%)	응시	합격	합격률(%)
2020	43,279	24,820	57.3%	41,457	7,341	17.7%
2019	52,645	30,740	58.2%	43,763	22,495	51.4%
2018	44,665	22,976	51.4%	33,101	16,727	50.5%
2017	46,812	**19,937**	42.6%	27,202	7,452	27.4%
2016	54,325	26,040	47.9%	35,696	23,371	65.5%
2015	51,615	26,511	51.4%	39,168	22,024	56.2%

표 13 정보처리기사 검정현황

다) 활용정보

(1) 취업

① 기업체 전산실, 소프트웨어 개발업체, SI(system integrated)업체, 정부기관, 언론기관, 교육 및 연구기관, 금융기관, 보험사, 병원 등 컴퓨터 시스템을 개발 및 운용하거나, 데이터 통신을 이용하여 정보처리를 시행하는 업체에 취업할 수 있다.
② 정보통신부의 별정우체국 사무장, 사무주임, 사무보조 등 사무원으로 진출할 수 있다.
③ 3년 이상의 실무경력이 있는 자는 측량분야 수치지도제작업의 정보처리 담당자로 진출이 가능하다.

(2) 우대

국가기술자격법에 의해 공공기관 및 일반기업 채용 시 그리고 보수, 승진, 전보, 신분보장 등에 있어서 우대받을 수 있다.

(3) 가산점

① 일반직공무원 직렬공통으로 적용되었던 통신.정보처리 및 사무관리분야 자격증 가산점(정보처리기사: 7급, 9급 1%)은 2017년부터 폐지되었다.
② 기술직공무원 방송통신직렬의 전 직류에서 채용계급이 8·9급, 기능직 기능8급 이하와 6·7급, 기능직 기능7급 이상일 경우 모두 5%의 가산점이 부여된다. 다만, 가산특전은 매 과목 4할 이상 득점자에게만, 필기시험 시행 전일까지 취득한 자격증에 한한다.
③ 한국산업인력공단 일반직 5급 채용 시 정보처리기사는 필기시험 만점의 6%를 가산한다. 한국산업인력공단은 공단이 발행하는 모든 종목의 자격증에 대하여 혜택을 부여하고 있다.

(4) 자격부여

정보처리기사 자격을 취득하면, 건설산업기본법에 의한 건설업 등록을 위한 기술인력(산업환경설비공사업), 전기통신공사업법에 의한 전기통신공사업 등록을 위한 기술인력, 측량법에 의한 측량업 등록, 측량성과심사수탁기관으로 등록하기 위한 기술인력, 해양오염방지법에 의한 해양오염영향조사기관으로 지정받기 위한 기술인력 등으로 활동할 수 있다.

(5) 자격증 관계도

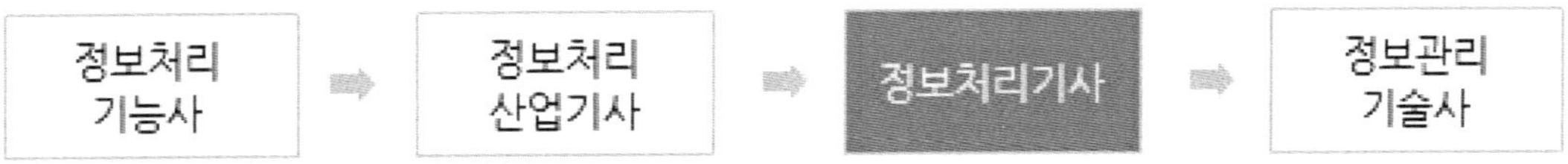

그림 3 정보처리기사 자격증 관계도

◆정보처리기능사 : 정보처리기능사 시험은 정보처리에 대한 기초를 다루며 산업기사, 기사 시험 응시에 도움을 준다. 기능사의 자격을 취득한 후 동일직무분야에서 1년 이상 실무에 종사한 자는 산업기사시험의 응시자격이 되고, 3년 이상 종사한 경우 기사 시험의 응시자격이 주어진다.

◆정보처리산업기사 : 산업기사는 기능사보다 한층 수준 높은 숙련기능과 기초이론지식을 가지고 기술 분야의 업무에 종사하는 자격이다. 산업기사의 자격을 취득한 후 동일직무분야에서 1년 이상 실무에 종사한 자는 기사시험의 응시자격이 주어진다.

◆정보관리기술사 : 기술사 자격은 기술자격증의 꽃이다. 각종 관련분야 취업뿐만 아니라 승진, 보직, 자격수당 등에서 우대받는 고급자격 면허증이다. 기사자격 취득 후 동일직무분야에서 4년, 산업기사는 5년, 기능사는 7년 이상 실무에 종사한 경우 기술사 시험에 응시할 수 있다. 기술사와 같은 전문기술인력은 해당 분야의 전문지식을 바탕으로 엔지니어링 및 관련기술서비스업, 기술시험, 검사 및 분석관련 업무 등으로 진출이 가능하다.

3) 리눅스마스터(2급 국가공인자격)

가) 기본정보

리눅스마스터 자격은 한국정보통신진흥협회가 운영하는 국가 공인 민간 자격증으로 리눅스의 전반적인 사용 능력을 평가하는 시험이다. 리눅스 기반의 데스크탑 활용 및 서버 운영능력, 리눅스 시스템의 설계 개발 및 관리 능력, 리눅스 기반의 네트워크 및 서버 구축/운영 능력을 검정하는 자격증이면서, 인지도가 있는 자격증으로 매년 응시자수가 늘어나고 있다.

리눅스마스터 1급은 리눅스 시스템을 기반으로 웹, DNS, 메일, 파일 등 서버 구성 및 운영관리와 네트워크 및 보안 운영관리의 업무를 담당하는 시스템관리자 능력을 평가 검정한다. 또한 리눅스마스터 2급은 리눅스 시스템을 활용한 명령어 사용 및 관련 프로그램을 사용할 수 있는 사용자 기능을 평가 검정한다.

나) 시험정보

(1) 응시자격 및 결격사유

차수	내용
1차	학력, 연령, 경력별 제한이 없다.
2차	해당 시험 종목 1차 시험 합격자에 한해 1차 시험 합격일(합격자 발표일) 기준으로 2년 이내 응시하여야 한다.

표 14 리눅스관리자 응시자격 및 결격사유

(2) 시험과목 출제기준

등급	과목	검정항목
2급	리눅스일반	리눅스의 이해
		리눅스 설치
		기본 명령어
	리눅스 운영 및 관리	파일 시스템관련 명령어
		프로세스관리
		소프트웨어 설치
	리눅스 활용	X윈도
		인터넷 활용
		응용분야
1급	리눅스 실무의 이해	리눅스의 개요
		리눅스 시스템의 이해
		네트워크의 이해
	리눅스 시스템 관리	일반 운영관리
		장치 관리
		시스템 보안 및 관리
	네트워크 및 서비스의 활용	네트워크 서비스
		네트워크보안

표 15 리눅스마스터 시험과목

(3) 합격기준

등급	합격기준
2급	1차:60점 이상 2차:60점 이상, 과목당 40%미만 과락
1급	1차:60점 이상, 과목당 40%미만 과락 2차:60점 이상

표 16 리눅스마스터 합격기준

다) 활용정보

(1) 자격취득자 우대

리눅스마스터는 국가공인 자격으로 이를 취득한 자는 관련 국가자격을 취득한 자와 동일한 대우를 받는다. 또한 직업교육훈련기관의 장은 국가공인 민간자격을 당해 직업교육훈련기관의 입학전형자료로 활용할 수 있다.

(2) 학점인정

리눅스마스터 1급 취득 시 14학점, 2급 취득 시 5학점이 부여된다.

(3) 공무원 근무성적 평점 시 가점

리눅스마스터는 공무원 근무성적 평점 시 국가기술자격과 동일한 자격증 가점효력을 갖는다.

4) 네트워크관리사(2급 국가공인자격)

가) 기본정보

네트워크 관리사란 서버를 구축하고 보안 설정, 시스템 최적화 등 네트워크 구축 및 이를 효과적으로 관리할 수 있는 인터넷 관련 기술력에 대한 자격이다. 네트워크관리사의 급수로는 1·2급이 있으나 국가공인 자격은 2급만이다.

1급은 네트워크 관리에 관한 전문지식을 토대로 네트워크 보안기술, Design, Traffic 분산기술 등 네트워크 전문기술자로서 필요한 IT 기술 및 네트워크 실무. 관리 능력 검정한다. 2급 국가공인 자격증은 네트워크 일반, TCP/IP, NOS, 네트워크 운용 기기 실무능력 검정한다.

나) 시험정보

(1) 응사자격 및 결격사유

구분	내용
필기	학력, 연령, 경력별 제한이 없다
실기	필기 합격자로서 합격일로부터 2년 이내의 응시자

표 17 네트워크 관리사 응시자격

(2) 합격기준

구분	합격기준
필기	100점 만점에 60점 이상 득점자
실기	100점 만점에 60점 이상 득점자

표 18 네트워크관리사 검정기준

(3) 시험과목 및 검정방법

구분	과목	문항 수	제한시간	유형
필기	· 네트워크 일반 · TCP/IP · NOS · 네트워크 운용기기	50	50분	택일형
실기	· LAN 전송매체 · 네트워크 설계/구축 · TCP/IP · NOS · 네트워크 운용기기	1 SET (1-20)	80분	작업/서술/선택형

표 19 네트워크관리사 시험과목

다) 활용정보

(1) 자격취득자 우대

네트워크관리사는 국가공인 자격으로 이를 취득한 자는 관련 국가자격을 취득한 자와 동일한 대우를 받는다. 또한 직업교육훈련기관의 장은 국가공인 민간자격을 당해 직업교육훈련기관의 입학전형자료로 활용할 수 있다.

(2) 학점인정

네트워크관리사 2급 취득 시 정보통신, 컴퓨터 네트워크, 정보통신공학 전공에서 14 학점이 부여된다.

(3) 특별전형 및 가산점 부여

대학별로 편입이나 입학 시 가점 또는 특별전형을 실시하거나 장학금을 지급하고 있다. 또한 졸업인증자격제도로 채택하고 있는 곳도 있다.

5) 한자급수자격검정시험(민간자격)

가) 기본정보

한자급수자격검정 시험이란 한자 한문 교육과 관련된 전문적인 지식기반을 가지고 당해 등급을 포함한 하위 한자 급수 자격검정과정을 교육할 수 있다. 아울러 한자 한문의 이해와 활용능력을 바탕으로 광범위한 사회 전반의 직무 수행에 다양한 효율성을 제고 하게 된다.

한자급수 자격검정시험의 등급은 준2급~사범은 공인급수이므로 한자*한문 교육과 관련된 전문적인 지식기반을 가지고고 당해 등급(준2급~사범)을 포함한 하위(1~8급) 한자급수자격검정과정을 교육할 수 있는 직무를 수행한다. 또한, 한자*한문에 관련된 전문적인 직무 즉 고문서의 입력과 교열 및 번역 등의 업무를 수행할 수 있고 한자*한문의 이해와 활용 능력을 바탕으로 광범위한 사회 전반의 직무수행에 다양한 효율성을 제고한다.

또한, 공인급수 말고도 교육급수는 8급부터 대사범까지 급수가 구분되어져있으면서 한자의 입문부터 중학교 과정과 전문적인 지식 기반을 교육적으로 자격을 시험보는 급수이다.

한자급수 시험은 매년 2월, 5월, 8월, 11월 3개월 마다 시험이 시행되면서 넷째 주 토요일 오후 2시에 시행되고 있으면서 접수 방법은 인터넷 접수와 우편접수, 방문접수로 나누어져있다.

나) 시험정보

(1) 시험과목 및 검정방법

등급	검정과목	출제형식
대사범	• 대학 논어 맹자 중용 • 고문진보 사략 • 고급한문Ⅱ(선정단원) • 기타	국역 및 논술
사범	• 한문지식 (한자 5,000) • 고급한문	객관식(50),주관식(100)
1급	• 한문지식 (한자 3,500) • 중급한문Ⅱ	
준1급	• 한문지식(한자 2,500) • 중급한문Ⅰ(선정단원)	
2급	• 한문지식(한자 2,000) • 초급한문Ⅱ(선정단원)	객관식(50),주관식(50)
준2급	• 한문지식(한자 1,500) • 초급한문Ⅰ(선정단원)	
3급	• 한문지식(한자 1,000)	
준3급	• 한문지식(한자 800)	객관식(50)
4급	• 한문지식(한자 600)	
준4급	• 한문지식(한자 400)	
5급	• 한문지식(한자 250)	
준5급	• 한문지식(한자 100)	
6급	• 한문지식(한자 70)	
7급	• 한문지식(한자 50)	객관식(25)
8급	• 한문지식(한자 30)	

표 20 한자능력검정시험 시험과목

등급	검정방법	총 문항 수	제한 시간
대 사범	필기시험	10개지문 100문항	60분
사범~준1급		150	90분
2급~3급		100	60분
준3급~6급		50	40분
7급~8급		25	

표 21 한자능력검정시험 등급별 출제형식

(2) 합격기준

등급	합격기준	
사범~준1급	70점 이상 (1문항당1/150*100점,100점으로 환산)	150문항중105문항 이상
대사범, 2급~3급	70점 이상(1문항당 1점)	100문항중70문항 이상
준3급~6급	70점 이상(1문항당 2점)	50문항중35문항 이상
7급~8급	70점 이상(1문항당 4점)	25문항중18문항 이상

표 22 한자능력검정시험 등급별 합격기준

다. 의료·건강

1) 병원코디네이터(민간자격)

가) 기본정보

병원코디네이터는 21세기 의료서비스를 선도해 나갈 직종으로서 의료 현장의 일반 행정 지원에서부터 서비스 품질관리 차원의 환자 상담과 사후관리, 원내 경영개선을 위한 마케팅 기획, 불만고객관리를 통한 평생고객을 창출 할 수 있는 의료서비스 세분화 된 분야이다.

또한, 병원코디네이터 자격은 의료기관에서 환자를 위해 제공할 수 있는 가장 기본적인 리셉션 업무에서부터 환자관리, 상담, 사후관리, 병원보조업무, 병원홍보 및 마케팅 등의 업무와 의료진이 환자에게 가장 적합한 의료서비스를 제공할 수 있도록 하는 매개체의 역할을 수행하며 전반적인 병원 서비스 질을 향상시킬 수 있는 능력을 인정하는 제도이다.

이로인해, 한국의료정보교육협회는 회원대학의 관련학과 학생들을 비롯한 보건의료분야 관련학과 학생들 그리고 관심 있는 일반 수험생들을 위하여 의료분야의 객관적이고 합리적인 검정체제를 도입하여 병원코디네이터 관련 전문 자격인증을 통해 병원서비스의 질적 향상과 더불어 고용창출, 병원의 경쟁력 강화를 목적으로 하고 있다.

나) 시험정보

(1) 응시기준

1.대학의 의료분야 관련학과 협회인정 교과목 2학점 이상 취득한자
2.협회인정교과목 : 병원코디네이터(반드시 이수), 의료마케팅, 의료서비스론, 병원경영학, 병원관리학, 병원행정학
3.고졸이상의 학력소지자로서, 병원코디네이터 관련 40시간 이상의 교육과정 이수자
4.보건의료관련고등학교 3년 재학중인자로서 병원코디네이터 교육과정 이수자

(2) 가산점 제도

의료관련학과 졸업자(초 대졸 이상인 경우)나, 의료기관 근무 경력 3년 이상인 자는 평균에 3점의 가산점이 부여된다.

※ 현재 근무하고 있는 병원에서의 재직기간이 3년 미만인 경우 현재 병원의 재직증명서에 이전 근무기록을 추가하여 기록하시고, 이전 병원기록에 반드시 병원장님의 직인을 받아야 한다. 그리고 협회로 팩스나 우편으로 보내 주시면, 협회에서 합산한 기간이 3년 이상인 경우 가산점 3점을 부여한다.

(3) 출제기준

구분	검정과목	출제비율	시험시간	주요내용	배점
Part - 1	병원코디네이터기본 (30문항)	30%	30분	-병원코디네이터 개요 -의료기관과 고객만족경영 -의료기관 조직관리 이해	100점
Part - 2	의료서비스 이해 (30문항)	30%	30분	의료서비스 이해 코디네이터 이미지메이킹 의료기관서비스 행동예절	100점
Part - 3	병원코디네이터실무 (40문항)	40%	40분	의료기관 고객응대 매너 의료서비스 마케팅 실무 의료기관 서비스 실무 의료기관의 교육훈련	100점

표 23 병원 코디네이터 출제기준

(4) 합격기준

1. 관련교육기관 수료 본안 확인 결과 허위로 판명될 경우 합격 취소
2. 전체 시험문항 100문항이묘, 각 과목 평점 100점을 기준으로 70점 이상인자
3. 각 과목 100점 만점에 과락은 1개 과목이 50점 미만인 경우

2) 의료정보관리사(민간자격)

가) 기본정보

의무기록은 환자에게 일관성있는 치료를 제공할 수 있는 자료이자, 환자치료를 담당한 여러 치료자들 사이의 의사전달의 유일한 방법이며 환자에게 제공된 의료의 질을 검토 하고 평가하는 기본 자료로서 매우 중요하다. 이와 같은 의무기록의 중요성에 따라 의무기록 업무를 수행하는 전문인의 양성이 필요함에 따라 의료정보 관리사라는 자격시험을 시행한다.

의료정보관리사의 수행직무는 진료 전반에 대한 통계와 일별, 월별, 년별 작성 및 분석 의무기록의 분석과 미비기록 관리, 의무기록 재검토, 암등록 조사서 작성, 질병색인, 수술색인 등 색인업무. 수술실 에서 녹음된 테이프를 들으며 녹음내용을 기록화하는 전산업무, 의학연구 자료관리와 대출관리 업무이면서, 마이크로필름 작성과 병원 표준화 실험자료 준비 등의 업무를 수행한다.

나) 시험정보

(1) 응시자격

1. 취득하고자 하는 면허에 상응하는 보건의료에 관한 학문을 전공하는 대학, 산업대학 또는 전문대학을 졸업한자
2. 보건복지부장관이 인정하는 외국에서 취득하고자 하는 면허에 상응하는 보건의료에 관한 학문을 전공하는 대학과 동등이상의 교육과정을 이수하고 외국의 해당 의료기사등의 면허를 받은 자

(2) 검정방법

시험방법은 필기시험(객관식), 실기시험(객관식) 으로 나누어진다.

시험유형	시험과목
필기시험	공중보건학개론
	의무기록 관리학
	의학용어
	의료관계법규
실기시험	의무기록에 관한것

표 24 의료정보관리사 검정방법

(3) 합격기준

과목별 40점 이상, 과목평균 60점 이상의 점수 취득을 합격기준으로 한다.

(4) 진로 및 전망

병원의 의무 기록실 또는 원무과, 보험과 등에 진출할 수 있다.

3) 건강보험사(민간자격)

가) 기본정보

건강보험사란 대학병원 행정 관리자협회에서 의료보험청구를 전담하는 인력 양성을 위해 시행하는 건강보험사 시험에 합격한 자를 말한다.

건강보험사 자격의 특징은 첫 번째, 보험관리와 관련된 자격증의 경우 아직 국가 공인화 된 자격증이 없기 때문에 다수의 민간기관애서 의료보험관련 민간 자격증을 발급하고 있다. 두 번째는 보험관리와 관련된 자격증으로는 한국 간로평가원에서 주관하는 보험심사 관리사, 대학병원 행정 관리자협회에서 주관하는 건강보험사, 대한간호협회에서 주관하는 보험심사 간호사 등이 있다. 세 번째는 현행법상 병원등에서 의료기관의 보험심사 평가 업무를 하기 위해서는 반드시 자격증이 있어야 하는 것은 아니며 다만 보험 관련 업무에 관한 전문성을 인정받기 위해 많은 지원자들이 민간자격시험에 응시하고 있다.

건강보험사의 직무 수행은 병원의 보험청구와 관련한 업무 즉, 의료보험, 의료보호, 자동차보험, 산재보험 등의 진료비 계산, 청구, 심사업무 등을 수행하게 된다.

나) 시험정보

(1) 응시자격

응시자격은 유사학과(보건 행정과, 의무 행정과, 보건관리학과 등) 졸업자 및 당해 졸업예정자 이고 또한, 대학병원 행정 관리자협회에서 실시하는 병원행정(집체, 사이버) 장기 연수과정 수료자이다.

(2) 시험과목

시험과목	문제수	출제방법
공중보건학, 의료제도론	12문항	4지선다형
의무기록	12문항	
해부병리, 의학용어	18문항	
원무관리	24문항	
보험관리	30문항	
병원전산	12문항	
의료법규	12문항	

표 25 건강보험사 시험과목

다) 활용정보

건강보험사 자격증의 활용은 의료관련업체에 취업하기 위하여 반드시 필요하지는 않지만, 의료관련 전문 자격증이 많지 않고 의료보험청규에 관해서 전문 인력의 경우 실무상 부족한 경우가 많기 때문에 의료관련업체 에서는 취업을 준비할 경우 병원향정사와 건강보험사를 많이 준비하고 있다.

4) 국제의료관광코디네이터(국가자격)

가) 기본정보

의료관광을 종합적으로 정의하면 해외여행과 의료서비스 선택의 자유화로 인해 건강요양, 치료 등의 의료혜택을 체험하기 위한 목적으로 세계 일부 지역을 방문하면서 환자 치료에 필요한 휴식과 기분전환이 될 수 있는 그 지역 주변의 관광, 레저, 문화 등을 동시에 체험하는 관광활동이다.

국제의료관광 코디네이터의 수행직무는 국제화되는 의료시장에서 외국인환자를 유치하고 관리하기 위한 구체적인 진료서비스지원, 관광지원, 국내외 의료기관의 국가간 진출을 지원할 수 있는 의료관광 마케팅, 의료관광 상담, 리스크 관리 및 행정업무 등을 담당함으로써 우리나라의 글로벌 헬스 케어산업의 발전 및 대외 경쟁력을 향상시키는 직무이다.

나) 시험정보

(1) 응시자격

응시자격은 하단의 공인어학성적 기준요건을 충족하고, 각 호의 어느 하나에 해당하는 사람이다.

1. 보건의료 또는 관광분야의 학과로서 고용노동부
2. 2년제 전문대학 관련학과 졸업자 등으로서 졸업 후 보건의료 또는 관광분야에서 2년 이상 실무에 종사한 사람
3. 3년제 전문대학 관련학과 졸업자 등으로서 졸업 후 보건의료 또는 관광분야에서 1년 이상 실무에 종사한 사람
4. 비관련학과의 대학 졸업자로서 보건의료 또는 관광분야에서 2년 이상 실무에 종사한 사람('17.01.20까지 인정)
5. 보건의료 또는 관광분야에서 4년 이상 실무에 종사한 사람
6. 관련자격증(의사, 간호사, 보건교육사, 관광통역안내사, 컨벤션기획사 1,2급)을 취득한 사람

(2) 시험과목

자격구분	시험구분	시험과목
국제의료관광코디네이터	1차 필기	보건의료관광행정
		보건의료 서비스 지원관리
		보건의료 관광마케팅
		관광서비스지원관리
		의학용어/질환의 이해
	2차 실기	보건의료관광 실무

표 26 국제의료관광코디네이터 시험과목

(3) 합격기준

자격구분	시험구분	시험구성	합격기준
국제의료관광코디네이터	1차필기	이론 시험100% 4지 선다형 100문항 (각 과목당 20문항)	합산평균 60점 이상 (과목별 40점 미만인 경우 과락)
	2차실기	이론 시험100% 필답형 20문항	60점 이상인 자

표 27 국제의료관광코디네이터 합격기준

다) 진로 및 전망

의료관광을 포함한 국제의료 시장규모의 급속한 성장을 보이면서 15년 12월 의료해외진출 및 외국인환자 유치 지원에 관한 법률이 제정되어 새로운 국가성장 동력으로 높은 관심을 받고 있는 의료 해외진출 및 외국인환자 유치사업에 대한 법적, 제도적 지원장치 마련하였으며, 정부차원에서 글로벌헬스케어를 신성장동력 분야로 인정하고 지원센터 등 부서 구성하였다. 또한, 의료관광관련 지방자치단체 사업이 증가되고 국제진료의료관광 관련 교육생 연 배출인원 약 5,340명 중 기존 직종의 응시비율(약 92%~98%)을 고려할 때 연간 5,000명 이상의 수요가 예상된다.

라. 주택·건축

1) 주택관리사(국가자격)

가) 기본정보

주택관리사란 아파트 주민들이 결정한 일을 집행하는 책임자이자, 아파트에서 일하는 직원들의 리더다. 공인중개사만큼 주택관련분야에서 취득열기가 매우 높은 자격증이다. 산업화와 도시화가 빠르게 진행되던 시설 최대한 많이 지어 주택을 빠르게 많이 지어 공급하는데만 주력했지만 이제는 이미 지어놓은 집을 잘 관리하는 일이 중요해졌기 때문이다.

주요 업무는 공동주택을 안전하고 효율적으로 관리하고 공동주택 입주자의 권익을 보호하기 위해 공동주택의 운영관리 유지 보수 등을 실시하고 이에 필요한 경비를 관리하며 공동주택의 공용부분과 공동 소유이니 부대시설 및 복리시설의 유지 관리 및 안전관리를 실시하는 등의 주택관리서비스를 수행한다.

1989년 주택관리사 제도를 처음으로 도입하여 1997년 1월 1일부터 자격증 소지자의 채용을 의무화하는 규정을 시행하였다. 2005년까지는 격년제로 시행하였으나, 2006년부터는 매년 1회 시행하고 있으며 공동주택관리법 시행령 제 95조(업무의 위탁)에 따라 주택관리사보 자격시험의 시행에 관한 업무를 2008년부터 한국산업인력공단에서 시행하고 있다.

수행직무로는 공동주택을 안전하고 효율적으로 관리하고 공동주택 입주자의 권익을 보호하기 위해 공동주택의 운영 관리 유지 보수 등을 실시하고 이에 필요한 경비를 관리하며 공동주택의 공용부분과 공동 소유인 부대시설 및 복리시설의 유지 관리 및 안전관리를 실시하는 등 주택관리서비스를 수행한다.

나) 시험정보

(1) 응시자격 및 결격사유

주택관리사의 응시자격에는 제한이 없다. 단, 시험시행일 현재 주택관리사 등의 결격사유에 해당하는 자와 부정행위를 한자로써 당해 시험시행일로부터 5년이 경과되지 아니한 자는 응시불가하다.

결격사유는 다음과 같다.
1. 피성년후견인 또는 피한정후견인
2. 파산선고를 받고 복권되지 아니한 사람
3. 금고 이상의 실형의 선고를 받고 그 집행이 종료(종료된 것으로 보는 경우를 포함한다)되거나 집행을 받지 아니하기로 확정된 후 2년이 경과되지 아니한 사람
4. 금고 이상의 형의 집행유예를 받고 그 집행유예기간 중에 있는 사람
5. 주택관리사 등의 자격이 취소된 후 3년이 경과되지 아니한 사람(제1호 및 제2호에 해당하여 주택관리사 등의 자격이 취소된 경우는 제외한다.)

(2) 시험과목 및 배점

구분	시험과목	시험 시간	시험 방법
제1차 시험	1. 민법 (총칙, 물권, 채권 중 총칙·계약총칙·매매·임대차·도급· 위임·부당이득·불법행) 2. 회계원리 3. 공동주택시설개론 (목구조·특수구조를 제외한 일반건축구조와 철골구조, 홈네트워크를 포함한 건축설비개론 및 장기수선계획 수립 등을 위한 건축적산을 포함한다)	과목당 50분	객관식 5지선다형
제2차 시험	1. 주택관리 관계법규 「주택법」,「공동주택관리법」,「민간임대주택에 관한 특별법」, 「공공주택특별법」, 「건축법」, 「소방기본법」, 「화재예방, 소방시설설치유지 및 안전관리에 관한 법률」,「승강기시설 안전관리법」, 「전기사업법」, 「시설물의 안전관리에 관한 특별법」, 「도시 및 주거환경정비법」, 「도시재정비 촉진을 위한 특별법」, 「집합건물의 소유 및 관리에 관한 법률」 중 주택관리에 관련되는 규정 2. 공동주택관리실무 (시설관리·환경관리·공동주택회계관리·입주자관리·공동주거관리이론·대외업무,사무·인사관리,안전·방재관리 및 리모델링 등)	과목당 50분	객관식 5지 택일형 및 주관식 (단답형 또는 기입형)

표 28 주택관리사 과목 및 방법

※배점: 1,2차 공통으로 과목당 40문제(각 2.5점씩이며, 모든 문제는 부분점수가 없음)

(3) 합격기준

구 분	합 격 결 정 기 준
1차 시험	과목당 100점을 만점으로 하여 매 과목 40점 이상, 전 과목 평균 60점 이상 득점한자
2차 시험	선발예정인원의 범위내에서 합격자 결정점수(과목당 100점을 만점으로 하여 모든 과목 40점 이상, 전 과목 평균 60점 이상 득점한자. 다만, 모든 과목 40점 이상이고 전 과목 평균 60점 이상의 득점을 한 사람의 수가 선발예정인원에 미달하는 경우에는 모든 과목 40점 이상을 득점한자로 함.) 이상을 얻은 사람으로서 전과목 총득점의 고득점자 순으로 결정 * 동점자로 인하여 선발예정인원을 초과하는 경우에는 그 동점자를 모두 합격자를 결정. 이 경우 동점자의 점수는 소수점 이하 둘째자리까지만 계산하며, 반올림은 하지 않음.

표 29 주택관리사 합격기준

※제1차 시험에 합격한 자에 대하여는 다음 회 시험에 한하여 제 1차 시험을 면제한다.

(4) 자격통계

구 분		2016	2017	2018	2019	2020
1차	대상	19,469	20,881	21,788	25,745	17,277
	응시	15,344	16,587	17,717	19,784	13,876
	응시률(%)	78.8	79.4	81.31	76.84	80.31
	합격	2,516	2,016	2,633	3,257	1,529
	합격률(%)	16.3	12.1	14.86	16.46	11.02
2차	대상	2.938	2.550	3.083	5.140	2.305
	응시	2.873	2.504	3.033	5.066	2.238
	응시률(%)	97.7	98.1	98.37	98.56	97
	합격	2,288	1,894	762	4,101	1,710
	합격률(%)	79.6	75.6	25.1	80.9	76.4

표 30 주택관리사 자격통계

(5) 부동산관련자격증

구분	자격분류	내용
공인중개사	국가자격	공인중개사는 일정한 수수료를 받고 토지나 주택 등 중개 대상물에 대하여 거래당사자간의 매매, 교환, 임대차 그 밖의 기타 권리의 득실, 변경에 관한 행위의 알선, 중개 행위를 수행한다.
감정평가사	국가자격	감정평가사는 정부에서 매년 고시하는 공시지가와 관련된 표준지를 조사·평가하고 기업체 등의 의뢰와 관련된 자산을 재평가하며 금융기관, 보험회사, 신탁회사의 의뢰와 관련된 토지 및 동산에 대한 평가 업무를 수행한다.
빌딩관리사	국가공인 민간자격	빌딩경영관리사는 빌딩을 법률적, 경제적, 기술적 측면에서 위험 관리함은 물론 부동산학이 추구하는 종합접근방법의 보존/이용/개량행위를 통하여 유지 및 경영관리를 한다.

표 31 부동산 관련 자격증

2) 주거복지사(국가공인자격)

가) 기본정보

주거복지사란 자력으로 주거문제를 해결하기 어려운 가구의 주거안정을 위해 복지적 차원에서 주거서비스를 지원하는 전문 인력을 말하며 주거분야에 대한 고도의 전문지식을 갖추고 현장에 적용할 수 있는 실무경험을 통해 주거서비스 전달체계의 코디네이터 역할을 수행한다.

크게 4가지 주요 업무를 수행하는데 신규임대 사업 추진, 상담 및 정보제공, 주거취약계층 지원, 주거실태 조사요원 등이다.

주거복지사의 세부적 직무로는 지역의 주거복지실태조사 및 분석, 주거복지 대상자 발굴, 주택개조 지원서비스 제공, 주택상태 점검, 주생활 상담 및 거주 고충상담, 주거복지 프로그램 상담, 정보제공 및 사례관리, 공공임대주택 간 주거이동 지원, 지불가능한 임대주택 및 자가 주택 탐색지원, 취약계층의 주거생활 지원, 민·관·공과의 주거복지 네트워크 구축, 주거복지서비스 지원을 위한 외부자원 발굴 및 연계, 커뮤니티 활성화 프로그램 기획 및 관리, 주거복지 관련 주민교육 및 홍보, 공공 및 민간 임대주택 관리, 주거복지사업 기획제안 및 수행·관리 등을 담당한다.

2014년 (사)한국주거학회에서 시행하였다가 2016년 01월 국가공인 민간자격으로 승격되었으며, 2017년 정부에서 발표한 '주거복지 로드맵'에 등장하여 신 유망직종으로 떠오르고 있다.

나) 시험정보

(1) 응시자격

-학력에 관계없이 관련 직무분야에서 4년 이상 실무에 종사한 자
-3년제 전문대학졸업자 등은 관련 직무분야에서 1년 이상(2년제는 2년 이상)실무에 종사한 자
-4년제 대학졸업자 등 또는 그 졸업예정자

(2) 시험과목

시험과목	주요항목	시험시간	시험방법
주거복지총론	주거의 이해 주거와 커뮤니티 주거복지의 이해 주거복지 정책·사업·제도·금융 주거환경 개선 서비스와 개조 노인·장애인의 특성과 공간디자인 저소득층 주거복지와 불량주거 개선 에너지 환경개선	60분	객관식 5지 선다
주거복지실무와 적용	주거환경조사와 평가기술 주거복지상담과 사례관리실무 주거복지 적용실무 주거복지현장 적용기술	60분	

표 32 주거복지사 시험과목

(3) 합격기준

각 과목 100점을 만점으로 하여, 각 과목 40점 이상 전 과목 평균 60점 이상 득점해야 한다.

다) 전망

주거복지사는 주거분야에 대한 고도의 전문지식을 갖추고 현장에 적용할 수 있는 실무 경험을 통해 주거복지 서비스 전달체계의 코디네이터 역할을 수한다.

향후 공공 및 민간 주거복지 지원센터, 사회적 공헌 활동을 하는 공공 및 민간기업, 공공임대 관리기관, 민간 임대 관리회사, 국가 및 지방자치 단체, 지역의 주거복지 관련 기관 등 다양한 기관에서 전문 인력으로 활동할 수 있다.

3) 건축물에너지평가사 (국가공인자격)

가) 기본정보

건축물에너지평가사란 에너지효율등급 인증평가 등 건축물의 건축·기계·전기·신재생 분야의 효율적인 에너지관리를 위한 업무를 하는 전문가이다.2013년부터 민간자격으로 1년간 시행되다 2015년부터 국가자격시험으로 전환되어 실시되고 있다.

건축물 분야 국가온실가스 감축 목표 달성 요구하면서 2020년까지 건축물 부문의 국가 온실가스 배출량 26.9% 감축목표를 설정하였는데 건축물에너지평가사는 이를 달성하고자 전문 인력을 양성하는 것을 목표로 시행하는 자격시험이다. 이처럼 건축물에너지평가사 제도는 건축, 기계, 신재생 부분의 종합적인 지식을 갖춘 건축물 에너지 관련 전문 인력을 양성하여 녹색건축물 보급을 활성화하는데 기여하고자 도입되었으며, 그린 리모델링 사업자 등록기준 중 인력기준에 해당한다.

관련 수행업무로는 건축물에너지효율등급 인증기관에 소속되거나 등록되어 인증평가 업무를 수행한다.

나) 시험정보

(1) 응시자격(녹색건축물조성지원법 시행규칙)

다음 각 호의 어느 하나에 해당하는 경우 응시가 가능하다.

구분	응시자격
1	「국가기술자격법 시행규칙」의 직무 분야 중 건설, 기계, 전기·전자, 정보통신, 안전관리, 환경·에너지(이하 "관련 국가기술자격의 직무분야"라 한다)에 해당하는 기사 취득 후 관련 직무 실무 2년 이상
2	관련 산업기사 취득 후 관련 직무 실무 3년 이상
3	관련 기능사 취득 후 관련 직무 실무 5년 이상
4	관련학과 졸업(4년제 이상) 취득 후 관련 직무 실무 4년 이상
5	관련학과 졸업(3년제) 취득 후 관련 직무 실무 5년 이상
6	관련학과 졸업(2년제) 취득 후 관련 직무 실무 6년 이상
7	관련 직무 실무 7년 이상
8	관련 기술사
9	건축사

표 33 건축물에너지효율등급 응시자격

(2) 검정방법 및 면제사항

<table>
<tr><th>구분</th><th>시험과목</th><th>문항 수</th><th>검정방법</th><th>시험시간</th><th>입실시간</th></tr>
<tr><td rowspan="4">제1차 시험</td><td>건물에너지 관계 법규</td><td>20</td><td rowspan="4">4지선다
선택형</td><td rowspan="4">120(분)</td><td rowspan="5">당일
09:30까지
입실</td></tr>
<tr><td>건축환경계획</td><td>20</td></tr>
<tr><td>건축설비시스템</td><td>20</td></tr>
<tr><td>건물 에너지효율
설계·평가</td><td>20</td></tr>
<tr><td>제2차 시험</td><td>건물 에너지효율
설계·평가</td><td>10 내외</td><td>서술형
계산형
논문형</td><td>150(분)</td></tr>
</table>

표 34 건축물에너지평가사 검정방법

* 시험시간은 면제과목이 있는 경우 면제 1과목당 30분씩 감소한다.
* 관련 법률, 기준 등을 적용하여 정답을 구하여야 하는 문제는 “시험시행 공고일”

현재 시행된 법률, 기준 등을 적용하여 그 정답을 구하여야 한다.

<table>
<tr><th colspan="2">구분</th><th>면제과목(제 1차 시험)</th><th>유의사항</th></tr>
<tr><td colspan="2">건축사</td><td>건축환경계획</td><td rowspan="5">면제과목은 수험자 본인이 선택가능</td></tr>
<tr><td rowspan="4">기술사</td><td>건축전기설비기술사</td><td rowspan="4">건축설비시스템</td></tr>
<tr><td>발송배전기술사</td></tr>
<tr><td>건축기계설비기술사</td></tr>
<tr><td>공조냉동기계기술사</td></tr>
</table>

표 35 건축물에너지평가사 면제과목

* 면제과목에 해당하는 자격증 사본은 응시자격 증빙자료 제출기간에 반드시 제출하여야 하고 원서접수 내용과 다를 경우 해당시험 합격을 무효로 한다.
* 건축사와 해당 기술사 자격을 동시에 보유한 경우 2과목 동시면제 가능하다.

이밖에도 제2회 제1차 시험 합격자에 한해 제3회 제1차 시험이 면제된다.

(3) 합격결정기준

제1차 시험	100점 만점기준으로 과목당 40점 이상, 전 과목 평균 60점 이상 득점한 자 * 면제과목이 있는 경우 해당면제과목을 제외한 후 평균점수 산정
제2차 시험	100점 만점기준 60점 이상 득점한 자

표 36 건축물에너지평가사 합격결정기준

(4) 시험과목

구분	시험과목	주요항목
제1차 시험	건물에너지 관계 법규	1. 녹색건축물 조성 지원법
		2. 에너지이용 합리화법
		3. 에너지법
		4. 건축법
		5. 그 밖에 건물에너지 관련 법규
	건축환경계획	1. 건축환경계획 개요
		2. 열환경계획
		3. 공기환경계획
		4. 빛환경계획
		5. 그 밖에 건축환경 관련 계획
	건축설비시스템	1. 건축설비 관련 기초지식
		2. 건축 기계설비의 이해 및 응용
		3. 건축 전기설비 이해 및 응용
		4. 건축 신재생에너지설비 이해 및 응용
		5. 그 밖에 건축 관련 설비시스템
	건물 에너지효율설계.평가	1. 건축물 에너지효율등급 평가
		2. 건물 에너지효율설계 이해 및 응용
		3. 건축 ,기계, 전기, 신재생분야 도서 분석능력
		4. 그 밖에 건물에너지 관련 설계.평가
제2차 시험	건물 에너지효율설계.평가	1. 건물 에너지효율 설계 및 평가 실무
		2. 그 밖에 건물에너지 관련 설계.평가

표 37 건축물에너지평가사 시험과목

(5) 자격통계

구분		제3회 시험 ('17년)	제4회 시험 ('18년)	제5회 시험 ('19년)	제6회 시험 ('20년)
제1차 시험	응시자(명)	1,035	755	574	382
	합격자(명)	207	58	186	116
	합격률(%)	20	7.7	32.4	30.4
제2차 시험	응시자(명)	304	170	191	240
	합격자(명)	82	79	23	27
	합격률(%)	27	46.5	12	11.3
최종합격자(명)		**82**	**79**	**23**	**27**

표 38 건축물에너지평가사 자격통계

(6) 에너지관련 자격증

구분	내용
에너지관리기사/산업기사	에너지관리기사는 각종 산업기계, 공장, 사무실 아파트 등에 동력이나 난방을 위한 열을 공급하기 위하여 보일러 및 관련 장비를 효율적으로 운전할 수 있도록 지도하고 안전관리를 위한 점검 및 보수업무를 수행한다.
신재생에너지발전설비기사/산업기사/기능사(태양광)	신재생에너지발전설비기사(태양광)는 신재생에너지 발전소나 모든 건물 및 시설의 신재생에너지발전시스템 설계 및 인허가, 신재생에너지발전설비 시공 및 감독, 신재생에너지발전시스템의 시공 및 작동상태를 감리, 신재생에너지발전설비의 효율적 운영을 위한 유지보수 및 안전관리 업무 등을 수행한다.
에너지진단사	에너지진단사 자격시험은 2000년대 초반 고유가 및 에너지소비 증가에 따른 에너지·온실가스 감축 실무 전문가 양성 필요성이 제기되어 지난 2003년부터 시행되어 왔으나 2016년 마지막으로 폐지되었다.

표 39 에너지관련 자격증 종류

다) 전망

건축물에너지평가사 자격증 소지자의 경우 모든 건축물의 에너지효율등급을 평가할 수 있으며, 그린리모델링 사업자등록 시 자격조건으로 활용할 수 있어 앞으로 수험 열기는 더욱 뜨거워질 것으로 보인다.

녹색건축물조성지원법이 시행됨에 따라 에너지절약을 유도하는 건축물에너지 소비증명제가 시행되면서 평가서를 작성할 수 있는 권한은 건축물에너지평가사에게 주어지고 있다. 향후 건축, 설비, 기계 전기, 전자, 환경, 에너지를 포함한 범위가 넓은 자격증이 될 것으로 기대되어 전망은 매우 밝다.

마. 경영·컨설팅

1) 기술거래사(국가공인자격)

가) 기본정보

기술거래사는 기술거래* 산업화에 관한 전문적안 상담, 자문, 지도 업무 및 기술 이전의 중개, 알선 등을 업무를 수행하는 전문가이다. 또한, 기술의 이전 및 산업화 촉진에 관한 법률 제 14조에 의거하여 기술 거래, 산업화 분야 종사자 가운데 일정 수준 이상의 경력을 갖춘 전문지식이 있는 자를 교율 및 평가 과정을 거쳐 선발되며, 산업통상지원부에 등록하게 되어있다.

‘기술거래’는 법 제 2조 제 2호의 기술이전 또는 기술이전의 중개/알선업무를 수행하는 것을 말하며, ‘기술거래사’는 지식경제부장관에게 등록하여 기술이전/ 사업화에 관한 전문적인 상담/자문/지도업무와 기술이전의 알선/중개 등 기술거래를 지원하는 업무를 수행하는 자를 말한다.

나) 시험정보

(1) 응시자격

다음 각 호의 자격과 경력기준 중 어느 하나를 충족해야 함.
①변호사、변리사、공인회계사 또는 기술사의 자격을 취득한 자로서 기술이전·사업화 분야에 종사한 경력이 3년 이상일 것
②「고등교육법」제2조에 따른 학교의 조교수 이상인 자로서 기술이전·사업화분야 연구경력이 3년 이상일 것
③공공연구기관의 연구원으로서 기술이전·사업화 분야에서 3년 이상 재직하였을 것
④5급 이상 공무원이나 고위공무원단에 속하는 일반직 공무원으로서 기술이전·사업화 정책、기획、평가 또는 관리 업무에 3년 이상 종사하였을 것
⑤기술거래기관 또는 법 제35조 제1항에 따른 기술평가기관의 연구원 또는 중간관리자급 이상의 자로서 기술거래 또는 평가 관련 분야에 3년 이상 재직하였을 것
⑥해외 또는 민간분야에서의 기술거래 관련 경력이 다음 제1호부터 제4호까지의 요건 중 어느 하나에 상당하는 경우
1.민간 기업의 중간관리자급 이상의 자로서 기술거래 관련 업무에 3년 이상 재직
2.「산업교육진흥 및 산학협력촉진에 관한 법률」에 따른 대학의 ‘산학협력단’에 속한 중간관리자급 이상인 자로서 기술거래 관련 업무에 3년 이상 종사
3.「산업기술단지 지원에 관한 특례법」의 규정에 의한 산업기술단지 사업시행자(테

크노파크)의 중간관리자급 이상인 자로서 기술거래 관련 업무에 3년 이상 재직

4.「공공기관의 운영에 관한 법률」에 의해 지정·고시된 공공기관의 중간관리자급 이상인 자로서 기술거래 관련 업무에 3년 이상 종사

* 이직 등 경력변동사항이 있는 경우 상기 각 호의 동일 분야에 한해 경력년수를 합산하여 인정

* 중간관리자급 : 신청일 현재 기준 과장, 선임연구원 등 이상의 직급

(2) 취득절차

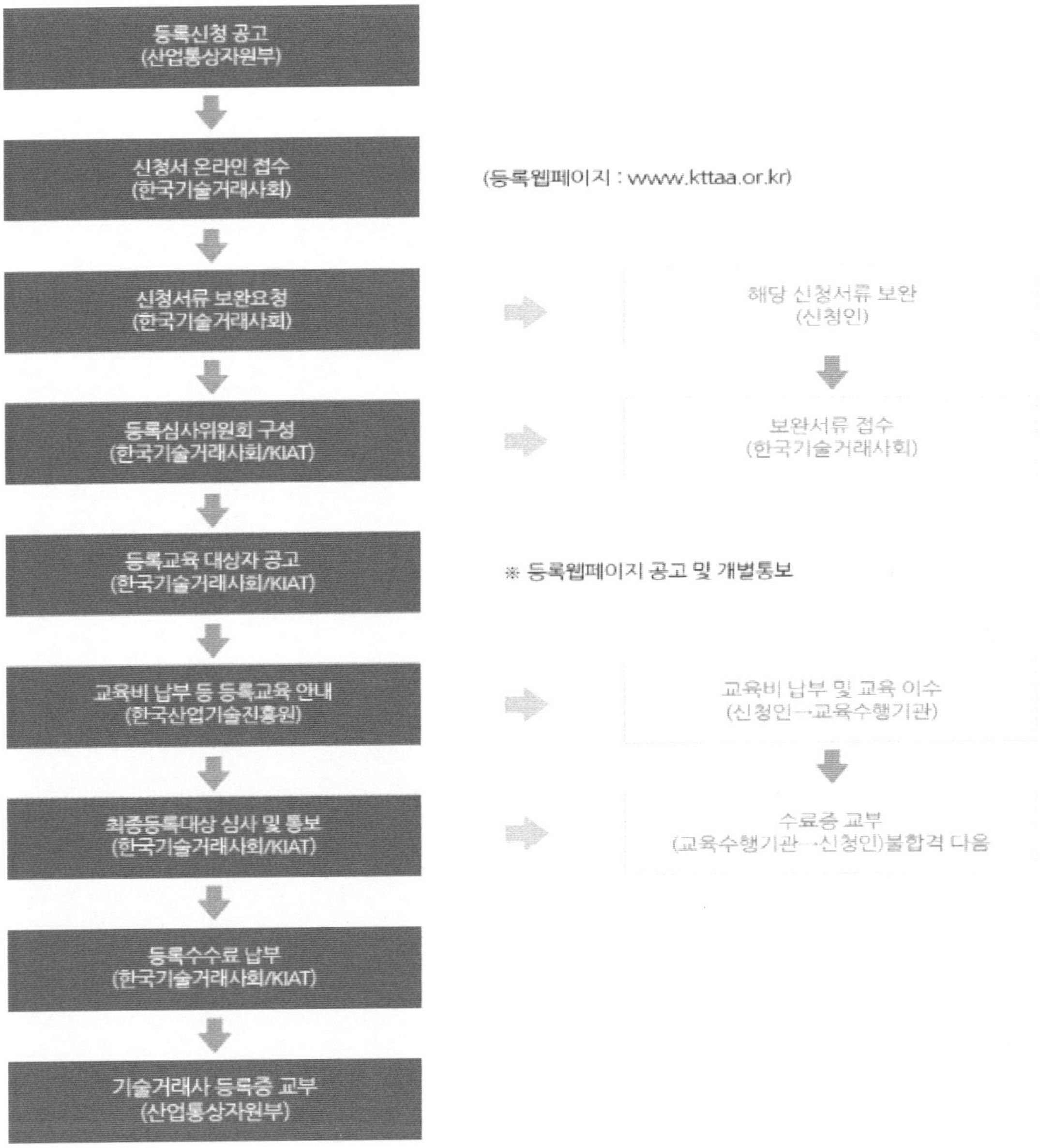

그림 4 기업거래사 등록정보

(3) 교육방법

구분	일정	장소	비고
공고 및 접수	6~7월경	산업통상자원부 한국기술거래사회	온라인 접수(약2주)
서류 심사 및 선발	7월 달	한국기술거래사회	수강자선정
집합교육	신종 코로나 바이러스로 진행 불가 (교재 우편발송 예정)		
온라인교육	7~9월경	양성과정 이러닝센터	해당 기간내 60시간 이상 이수 미이수시, 수료시험 응시불가
수료시험	9월 달	당해 연도 지정장소	수료시험실시 (오프라인)
합격자 발표	10월 초	양성과정 이러닝센터	수료시험 합격자 온라인발표
합격자 통보 (한국산업인력공단)	10월 중순	한국산업인력공단	양성과정 수료시험 합격자 통보 및 1차시험 면제요청

표 40 기술거래사 교육방법

2) 지식재산능력시험(민간자격증)

가) 기본정보

공인민간자격인 지식재산능력시험은 기업이나 특허 법률사무소에서 지식 재산권 관리를 담당하며, 특허출원 및 등록, 권리 보호, 연구개발(R&D)방향 설정 등에 대한 컨설팅 업무를 보게 된다. 발명진흥법 제52조에 의거 설립된 특수법인으로서 발명진흥사업을 체계적·효율적으로 추진하고 발명가의 이익증진을 도모하며 국내 지식재산사업을 보호·육성하여 국가 경쟁력강화에 이바지하고자 설립된 한국발명진흥회가 주관·시행하고 있다.

자격증을 취득하면 기업체의 산업재산권을 종합적으로 관리하는 업무를 맡게 된다. 시험 주관사인 한국발명진흥회에서 실시하는 150시간의 양성과정을 반드시 거쳐야 시험자격이 주어진다. 최근 특허 출원 건수가 급증하고 있고 내용도 복잡하고 다양해지면서 전문 인력의 수요가 커지고 있어 자격증 전망이 밝은 편이다.

합격과 불합격이 없으며, 발명가 또는 연구원이라면 기본적으로 알아야 할 지식재산 실무능력을 측정할 수 있는 시험이다.

나) 시험정보

(1) 응시자격

▣ 지식재산에 관심 있는 전국민 대상으로 함

- 지식재산 관련 업종 취업 희망자
- 기업체 및 공기업, 공공기관, 정부기관 등 취업 희망자
- 기업 소속 지식재산 전담 인력 또는 관련 업무 종사자
- 기업 부설 연구소, 연구기관의 연구원
- 지식재산에 관심 있는 대학생 및 대학원생, 중*고등학생 등

(2) 시험정보

공인번호	제 2017-1호
등급별 정보	1~4급 (공인민간자격), 5~7급, 무급 (등록민간자격)
자격발급기관	한국발명진흥회
출제양식	5지선다 / OMR 기입식 (객관식)
출제문항/시간	60문항 / 80분
출제분류/성적	지식재산 기초 / 창출 / 보호 / 활용 990점 만점, 4등급 - 1등급: 900이상 - 2등급: 800~899 - 3등급: 700~799 - 4등급: 600~699 - 5등급: 500~599 - 6등급: 400~499 - 7등급: 300~399 - 무 급: 299점 이하
성적유효기간	성적발표일로부터 2년간

표 41 지식재산능력시험 시험정보

(3) 출제분야 및 내용

분야	내용
지식재산 기초	-지식재산권(특허권, 상표법, 디자인보호법, 저작권법)에 관한 기초적인 지식 및 동향 -지식재산 입문/특허, 실용신안/상표/디자인/저작권 등
지식재산 창출	-지식재산을 창출하는 과정에서 필요한 지식 및 창출된 지식재산을 특허권으로 보호하기 위한 내용을 제시
지식재산 보호	-출원된 지식재산을 권리화하고, 권리분쟁발생 시 대응방법 등을 제시 -발명과 아이디어/ 특허검색/특허출원/직무발명 등
지식재산 활용	지식재산을 경영에 활용하기 위한 특허전략수립방법,

표 42 지식재산능력시험 출제분야 및 내용

(4) 평가방법

①전체 990점 만점이며, 4등급으로 나누어지고 600이하의 점수는 등급이 표시되지 않는다.
②난이도에 따른 차등배점으로 환산점수제를 적용한다.

다) 활용정보

지식재산능력시험은 지식재산 실무능력을 측정할 수 있는 시험이므로, 지적재산에 관심 있는 사람이나 장래에 지적재산과 관련 있는 일을 하려는 사람이라면 준비할만한 시험이다. FTA 등 우리 사회가 고도화 될수록 지적재산과 관련된 사회적 요구가 많아지는데 비해 객관적 지식을 평가할 만한 시험이 많지 않기 때문에 활용도가 높은 시험이다.

3) 경영지도사(국가기술자격)

가) 기본정보

경영지도사란 중소기업경영 문제에 대한 종합 진단(경영컨설팅)과 기업경영상의 인사, 조직, 노무, 사무관리, 재무관리 및 회계, 생산, 유통관리, 판매관리 및 수출입업무 등에 대한 진단. 지도 자문, 상담, 조사, 분석, 평가, 확인, 대행 등 법적기능을 수행하는 국가 전문자격사이다.

수행직무로는 경영의 종합 진단 및 지도, 인사·조직·노무·사무 관리의 진단 및 지도, 재무관리 및 회계의 진단 및 지도, 생산·유통관리의 진단 및 지도, 판매관리·수출입업무의 진단 및 지도, 상기내용과 관련한 상담* 자문* 조사* 분석* 평가 및 확인 등이 있다.

경영지도사 업무를 시작하려면 한국경영기술지도사회에서 시행하는 실무수습교육을 받은 후 중소벤처기업부장관에게 등록하여야 한다.

나) 시험정보

(1) 응시자격

응시자격에는 제한이 없다. 연령, 학력, 경력, 성별, 지역 등에 제한을 두지 않는다.

(2) 시험과목 및 배점

구분	시험과목		문항 수	시험방법
제 1차 시험 (6과목)	① 중소기업관련법령 ② 경영학 ③ 회계학개론 ④ 기업진단론 ⑤ 조사방법론 ⑥ 영어		과목당 40문항	객관식 5지선다형
제 2차 시험 (4개 분야)	인적자원 관리 분야	① 인사관리 ② 조직행동론 ③ 노사관계론(노동법포함)	과목당 논술형 2문항, 약술형 4문항	주관식(논술형 및 약술형)
	재무관리분야	① 재무관리 ②회계학 (재무회계·관리회계 포함) ③ 세법(세무회계 포함)		
	생산관리분야	① 생산관리 ② 품질경영 ③ 경영과학		
	마케팅 분야	① 마케팅관리론 ② 시장조사론 ③ 소비자행동론		

표 43 경영지도사 시험과목 및 방법

(3) 합격기준

구분	합격결정기준
1차 시험	매 과목 100점을 만점으로 하여 매 과목 40점 이상, 전 과목 평균 60점 이상 득점한 자
2차 시험	매 과목 100점을 만점으로 하여 매 과목 40점 이상, 전 과목 평균 60점 이상 득점한 자

표 44 경영지도사 합격기준

제 1차 시험 면제는 다음과 같다.

1)「국가기술자격법」에 따른 기술사 및 기능장
※ 자격종목은 지도사 제2차 시험분야와 동일 분야에 한한다.
2) 경영·경제 분야 또는 자연과학 분야의 박사학위 소지자로서「고등교육법」제2조 각 호에 따른 학교에서 3년 이상 전공 분야에 관한 강의 경력이 있거나 법률 제44조에 따른 지도실시기관에서 3년 이상 경영지도 또는 기술지도와 관련되는 근무경력이 있는 자
3) 중소기업과 관련되는 과정을 설치한 대학에서 해당 분야 석사학위를 취득하고 관련 분야에서 5년 이상의 실무경력이 있는 자
4)「국가기술자격법」에 따른 기사로서 7년 이상, 산업기사로서 9년 이상의 해당분야에 관한 실무경력이 있는 자
※ 자격종목은 지도사 제2차 시험분야와 동일 분야에 한한다.
5)「공인회계사법」에 따른 공인회계사로서 5년 이상의 실무경력이 있는 자
6) 전년도 제1차 시험에 합격한 자로서 제2차 시험에 불합격 또는 미 응시한 자
7) 전년도에 양성과정을 마치고 제2차 시험에 불합격 또는 미응시한 자이거나 당해 연도에 양성과정을 마친 자
※ 상기 "2)"항부터 "5)"항까지의 경력은 학위취득 후 또는 자격 취득 후 해당 분야에서의 경력을 말한다.

다) 활용정보

경영지도사는 2009년부터 경영지도사 국가 전문 자격사 인증 제도를 두고 있다. 공무원가점, 경리장교임관, 상공회의소 사외이사 추천시 우대, 학점인정, 전문인력인정 등의 혜택을 보유하고 있다.

바. 상담·복지

1) 직업상담사(국가기술자격)

가) 기본정보

직업상담사는 직업을 찾는 사람들에게 적합한 일자리 정보를 제공해주거나 직원을 뽑는 회사들에게 적합한 사람들을 추천해주는 자를 일컫는다.

직업상담원이 수행하는 업무는 상담업무, 직업소개업무, 직업관련 검사실시 및 해석업무, 직업지도 프로그램 개발과 운영업무, 직업상담 행정업무 등으로 구별 지을 수 있다. 주요 상담업무에는 근로기준법을 비롯한 노동관계법규 등 노동시장에서 발생되는 직업 과 관련된 법적인 일반적인 사항에 대한 일반상담 실시와 구인·구직상담, 창업상담, 경력개발상담, 직업 적응상담, 직업전환상담, 은퇴 후 상담 등의 각종 직업상담이 있다. 직업상담원은 구직자들이 그들의 교육, 경력, 기술, 자격증, 구직직종, 원하는 임금 등을 포함한 구직 표를 정확하게 작성하도록 도와주며 구직 표를 제출하면 정확하게 되었는지를 검토하며 필요하면 수정을 한다.

직업상담원은 구직자들에게 가장 적합한 직업이 무엇인지를 찾는데 도와주며 적성, 흥미 검사 등을 실시하여 구직자의 적성과 흥미에 알맞은 직업정보를 제공하고 청소년, 여성, 중·고령자, 실업자 등을 위한 직업지도 프로그램 개발과 운영을 한다. 그리고 취업이 곤란한 구직자(장애자, 고령자)에게 보다 많은 취업기회를 제공하고 구인난을 겪고 있는 기업에게 다양한 인력을 소개하기 위하여 구인처 및 구직자를 개척하기도 한다.

나) 시험정보

(1) 응시자격

응시자격에는 제한이 없다. 연령, 학력, 경력, 성별, 지역 등에 제한을 두지 않는다.

(2) 시험과목 및 검정방법

구분	시험과목	검정방법 및 시험시간
필기시험	① 직업상담학 ② 직업심리학 ③ 직업정보론 ④ 노동시장론 ⑤ 노동관계법규	객관식 4지 택일형 과목당 20문항(과목당 30분)
실기시험	직업상담 실무	필답형(2시간 30분, 100점))

표 45 직업상담사 시험과목 및 검정방법

(3) 합격기준

① 필기 : 100점을 만점으로 하여 매 과목 40점 이상, 전 과목 평균 60점 이상
② 실기 : 100점을 만점으로 하여 60점 이상

(4) 필기시험면제

필기시험에 합격한 자에 대하여는 필기시험 합격자 발표일로부터 2년간 필기시험을 면제한다.

(5) 검정현황

연도	필기			실기		
	응시	합격	합격률(%)	응시	합격	합격률(%)
2020	19,074	11,827	62%	15,701	7,241	46.1%
2019	22,283	11,690	52.5%	15,119	6,648	44%
2018	23,328	12,235	52.4%	14,504	6,955	48%
2017	19,484	9,517	48.8%	12,653	5,227	41.3%
2016	20,516	10,289	50.2%	13,762	5,313	38.6%
2015	19,595	10,221	52.2%	14,114	5,039	35.7%
2014	21,381	11,223	52.5%	15,152	4,011	26.5%
2013	21,202	9,991	47.1%	14,758	3,872	26.2%
2012	21,876	8,747	40%	14,047	2,403	17.1%
2011	24,676	11,653	47.2%	16,653	4,026	24.2%
2010	25,565	11,927	46.7%	16,083	4,442	27.6%

표 46 직업상담사 검정현황

2) 사회복지사(국가기술자격)

가) 기본정보

사회복지사란 사회복지에 관한 전문지식과 기술을 가진 사람으로서 보건복지부장관이 발급하는 사회복지사 자격증을 받은 사람을 말한다. 사회복지사 자격의 등급은 1급과 2급이 있다. 1급은 일정한 학력과 경력을 갖춘 자로서 사회복지사 1급 국가시험을 합격해야 한다. 2급은 일정 학점의 수업 이수와 현장실습 등의 요건을 충족하면 무시험으로 자격증을 취득할 수 있다.

사회복지사 자격증은 현재 1·2급(3급의 경우 2009년 폐지)으로 나누어진다. 1급의 경우 일정한 학력과 경력을 요구하고 또한 어려운 국가시험을 합격하여야 자격증이 발급된다. 2급의 경우 일정 학점의 수업 이수와 현장실습 등의 요건만 충족되면 무시험으로 자격증을 취득할 수 있으므로 1급보다는 2급을 취득하려 하는 사람들이 많다. 사회복지사 노동시장에서 1급과 2급은 직무·처우상 차이가 거의 없다.

나) 시험정보

(1) 응시자격

① 고등교육법에 따른 대학원에서 사회복지학 또는 사회사업학을 전공하고 석사학위 또는 박사학위를 취득한 자. 다만, 대학에서 사회복지학 또는 사회사업학을 전공하지 아니하고 동 석사학위를 취득한 자는 보건복지부령이 정하는 사회복지학 전공교과목과 사회복지관련 교과목 중 사회복지현장실습을 포함한 필수과목 6과목 이상(대학에서 이수한 교과목을 포함하되, 대학원에서 4과목이상을 이수하여야 한다), 선택과목 2과목 이상을 각각 이수하여야 한다.

② 고등교육법에 따른 대학에서 보건복지부령이 정하는 사회복지학 전공교과목과 사회복지관련 교과목을 이수하고 학사학위를 취득한 자

③ 법령에서「고등교육법」에 따른 대학을 졸업한 자와 동등 이상의 학력이 있다고 인정하는 자로서 보건복지부령으로 정하는 사회복지학 전공교과목과 사회복지관련 교과목을 이수한 자

④ 외국의 대학 또는 대학원(단, 보건복지부장관이 인정한 대학 또는 대학원)에서 사회복지학 또는 사회사업학을 전공하고 학사학위 이상을 취득한 자로서 "가"호 및

"나"호의 자격과 동등하다고 보건복지부장관이 인정하는 자

⑤ 다음에 해당하는 자로서 1년 이상 사회복지사업의 실무경험이 있는 자
ⓐ 고등교육법에 의한 전문대학에서 보건복지부령이 정하는 사회복지학 전공교과목과 사회복지관련 교과목을 이수하고 졸업한 자
ⓑ 법령에서「고등교육법」에 따른 전문대학을 졸업한 자와 동등 이상의 학력이 있다고 인정하는 자로서 보건복지부령이 정하는 사회복지학 전공교과목과 사회복지관련 교과목을 이수한 자
ⓒ 고등교육법에 따른 대학을 졸업하거나 이와 동등이상의 학력이 있는 자로서 보건복지부장관이 지정하는 교육훈련기관에서 12주 이상의 사회복지사업에 관한 교육훈련을 이수한 자
ⓓ 사회복지사 3급 자격증 소지자로서 3년 이상 사회복지사업의 실무경험이 있는 자

(2) 응시결격사유

금치산자 또는 한정치산자, 금고 이상의 형을 선고받고 그 집행이 끝나지 아니하였거나 그 집행을 받지 아니하기로 확정되지 아니한 사람, 법원의 판결에 따라 자격이 상실되거나 정지된 사람, 마약·대마 또는 향정신성의약품의 중독자는 응시할 수 없다.

(3) 시험과목 및 검정방법

구분	시험과목	시 험 영 역	문제형식
1교시	사회복지기초(50문항)	· 인간행동과 사회환경(25문항) · 사회복지조사론(25문항)	50분
2교시	사회복지실천(75문항)	· 사회복지실천론(25문항) · 사회복지실천기술론(25문항) · 지역사회복지론(25문항)	75분
3교시	사회복지정책과 제도(75문항)	· 사회복지정책론(25문항) · 사회복지행정론(25문항) · 사회복지법제론(25문항)	75분

표 47 사회복지사 시험과목 및 검정방법

※ 시험관련 법령 등을 적용하여 정답을 구하여야 하는 문제는 시험시행일(2014. 1.25) 현재 시행중인 법령을 기준으로 출제함.

(4) 합격기준

매 과목 4할 이상, 전 과목 총점의 6할 이상을 득점한 자를 합격예정자로 결정한다. 사회복지사 1급 합격예정자에 대해서는 한국사회복지사협회에서 응시자격 서류심사를 실시하며, 심사결과 부적격 사유에 해당되거나, 응시자격서류를 정해진 기한 내에 제출하지 않은 경우 합격예정을 취소하고 최종합격자 발표 후라도 제출된 서류 등의 기재사항이 사실과 다르거나 응시자격 부적격사유가 발견될 때에는 합격을 취소한다.

(5) 합격통계

구분	2017	2018	2019	2020	2021
대상	24,674	27,519	28,271	33,787	35,598
응시	19,514	21,975	22,646	25,462	28,391
응시률(%)	79.1	79.9	80.1	75.4	79.8
합격	5,250	7,352	7,734	8,388	17,158
합격률(%)	26.9	33.5	34.2	32.9	60.4

표 48 사회복지사 합격통계

3) 상담심리 지도사(민간자격)

가) 기본정보

상담심리 지도사 자격증은 전국대학상담학과협의회에서 발급하는 자격증으로 상담학과나 기타 관련학과에서 상담을 전공하고 학위를 받은 자로서, 본 협의회가 규정한 교육과정을 4년제 혹은 2,3년제 대학 해당학과에서 이수하고 소정의 검정 절차를 통과한 자에게 발급한다.

상담심리 지도사는 1급 2급으로 나누어지는데 1급은 상담에 관한 제반 이론을 숙지하고 지식과 경험을 활용하여 심리적으로 고통을 받고 있거나 사회에 적응하지 못하는 사람들을 상담하고, 더 나아가 한 개인이 성장할 수 있도록 지도하는 일을 한다. 2급은 상담심리 지도사 1급의 업무를 돕는다.

나) 시험정보

(1) 응시자격 및 취득방법

구분	응시자격
상담심리지도사 1급	• 4년제 대학의 상담학과나 관련 학과에서 상담관련 과목을 이수하고 졸업한 자. 필수, 필수 선택 및 일반선택 영역과 과목은 시행 세칙에서 규정함 • 상담심리지도사 2급을 소지하고 3년 이상 상담 실무 경력이 있는 자 • 상담 관련 학과에서 2년 혹은 3년을 이수하고 4년의 상담 실무 경력을 가진 자
상담심리지도사 2급	• 2년제 또는 3년제 대학의 상담학과나 관련 학과에서 상담관련 과목을 이수하고 졸업한 자. • 2년 혹은 3년을 상담 관련 학과에서 졸업한 후, 전국대학상담학과협의회의 소정의 교육과정을 이수한 자

(2) 시험과목 및 검정방법

구분	영역별과목	유사과목
필수	상담 및 지도	개인 상담, 상담심리학, 상담이론, 상담자 교육 및 슈퍼비전, 아동상담, 청소년 상담, 노인상담, 생활지도, 상담실습 및 사례연구, 기독교상담
필수 선택	검사 및 진단	교육심리검사론, 교육심리평가, 사회복지실천기술론, 심리검사, 심리측정 평가의 활용, 심리측정이론, 심리평가, 진로심리검사, 상담연구방법
	가족	가족상담, 가족치료, 가족관계, 가족복지, 가족복지 및 노인 간호, 가족발달이론, 가족생활주기, 가족생태학, 가족역동, 결혼과 가족, 가족학, 부모학, 아동학, 여성학, 노년학
	집단 상담	집단상담이론, 집단상담연구,
	성격	사회심리학, 성격심리학, 성격이론, 인간관계,
일반선택	발달	성인.노인발달, 아동발달론, 인간발달, 인간발달연구, 영유아발달, 청소년발달, 아동심리학
	학습	인지학습, 학교심리학, 학습심리학, 학습이론
	진로	생애 및 진로지도, 진로상담이론, 진로지도론
	정신건강	정신건강, 아동건강교육, 아동정신의학, 이상심리학, 의료사회복지론, 정신보건사회복지론, 정신병리와 치료

표 50 상담심리지도사 인정 과목

(3) 자격취득자 현황

회차	취득자수		발급일
	1급	2급	
19회	1,238명	190명	2021.01.31
18회	500명	21명	2020.07.31
17회	1,229명	217명	2020.01.31
16회	421명	29명	2019.07.31
15회	1,289명	187명	2019.01.31
14회	411명	10명	2018.07.31
13회	1,235명	212명	2018.01.31
12회	371명	23명	2017.07.31
11회	1,332명	265명	2017.01.24
10회	179명	1명	2016.07.28
9회	1,280명	431명	2016.01.26

사. 행정·인사

1) 정책분석 평가사(민간자격)

가) 기본정보

정부와 민간부문에서 정책/사업의 현황분석과 과 미래예측, 정책의 개발과 집행, 평가 등을 합리적 효율적으로 수행할 수 있는 기획·분석·평가분야의 전문인력을 정책분석평가사라고 한다.

정보화, 세계화, 지방화, 과학기술의 시대, 무한경쟁의 시대에는 보다 정확한 정책분석과 평가가 수반된 정책이 입안되어야 정책의 성공이 보장될 수 있고, 정책분석과 평가는 전문적인 기술과 능력을 가진 사람에 의해 수행되어야 올바른 정책이 제안될 수 있기 때문에 정책분석평가사는 꼭 필요한 직업이다.

정책분석 평가사는 총 3개의 등급을 가지고 있으며 1급, 2급, 3급으로 이루어진다. 1급은 정책분석과 평가에 관한 중급의 지식과 기술을 소유한 자로 대학원 석사학위 수준 이상이며, 2급은 정책분석과 평가에 관한 기본적인 지식과 기술을 소유한 자로서 4년제 대학교를 졸업한 학사학위 수준 이상이다. 3급은 논리적 사고와 분석적 정책추론능력을 소유한 자로서 전문대학 졸업 혹은 대학교 2년 수료 이상 수준이다.

나) 시험정보

(1) 응시자격

1급, 2급, 3급 정책분석평가사 자격시험의 응시자격에는 제한이 없다. 응시자의 경력에 대한 인정여부는 자격증관리위원회의 결정에 의해 이루어진다.

(2) 등급별 검정방법 및 검정과목

등급	검정방법	검정시행 형태	검정과목
1급	1차 시험 (필기시험)	객관식 4지 선다형 (25문제)	조사방법론, 계량분석론, 정책분석론, 정책평가론
	2차 시험 (논술시험)	주관식 3문항 (대문제1, 소문제2)	상 동
2급	필기	객관식 4지 선다형 (25문제)	상 동
3급	필기	객관식 4지 선다형 (25문제)	조사방법론, 통계학, 정책분석론

표 51 정책분석평가사 등급별 검정방법 및 검정과목

(3) 검정기준

시험의 합격자결정에 있어서는 매 과목 100점을 만점으로 하여 매 과목 40점 이상, 전과목 평균 60점 이상을 득점한 자를 합격자로 결정한다. 그러나 정책분석평가사의 수급상 필요하다고 인정하여 자격증관리위원장이 미리 선발예정 인원을 공고한 경우에는 매 과목 40점 이상을 득점한 자 중에서 선발예정인원의 범위 안에서 전과목 총 득점에 의한 고득점자순으로 합격자를 결정할 수 있다.

(4) 가산점 제도 및 시험과목 면제

구 분	내 용
1급1차	대학원에서 해당과목을 수강하여 B학점 이상의 성적을 받은 과목에 한하여 5점의 가산점을 부여하고, A학점 이상의 성적을 받은 경우 10점의 가산점을 부여한다.
2급, 3급	대학 이상에서 해당과목을 수강하여 B 이상의 성적을 받은 과목에 한하여 5점의 가산점을 부여하고, A학점 이상의 성적을 받은 경우 10점의 가산점을 부여한다.

표 52 정책분석평가사 일부 과목별 가산점 인정

구 분	내 용
정책분석평가사 1급 1차	가. 분석 및 평가분야에서 1) 강의하는 대학의 강사 이상 2) 연구기관에서 3년 이상 연구한 연구원(위원) 3) 7년 이상 근무한 공공기관 및 기업체 직원(단, 5급 이상 공무원 및 이에 준하는 경력자는 유관분야에 4년 이상 근무하면 해당됨)에 해당하는 자 나. 정책분석평가사 2급 합격 후 교육기관에서 실시하는 보수교육을 48시간 이상 이수하거나 협회 및 시행기관, 교육기관에서 정하는 기관에서 1년의 인턴과정을 수료한 대학교 졸업예정 이상인 자 다. 1급 1차 시험응시자로서 교육기관의 양성교육과정을 수료한 자
정책분석평가사 2급	가. 대학교 졸업예정 이상인 자로서 교육기관의 양성교육과정을 수료한 자 나. 정책분석평가사 3급 합격자나 전문대학 졸업 예정 이상인 자로서 교육기관의 양성교육과정을 수료한 자 다. 2급 응시자 중 분석 및 평가분야에서 근무하거나 연구한 경력자에 대해 매년 0.7점의 전체가산점을 부여한다. 단, 총가산점은 10점을 초과할 수 없다.
정책분석평가사 3급	가. 고졸이상의 학력자로써 교육기관의 양성교육과정을 수료한 자 나. 3급 응시자 중 분식 및 평가분야에서 근무하거나 연구한 경력자에 대해 매년 0.7점의 전체가산점을 부여한다. 단, 총가산점은 10점을 초과할 수 없다.

표 53 정책분석평가사 전체가산점 (각 해당자 공개시험 응시 시 가산점 20점 인정)

시행처	특정자격증	해당 면제급수	면제과목
한국산업인력공단	사회조사분석사 1급	정책분석평가사 1,2급	조사방법론 계량분석론
	사회조사분석사 2급	정책분석평가사 2급	
	품질관리기사 1급	정책분석평가사 1,2급	계량분석론
	품질관리기사 2급	정책분석평가사 2급	

표 54 정책분석평가사 일부면제

구분	내용
정책분석평가사1급 1차	가. 1급 1차 시험응시자 중에 대학원에서 소정의 과목(8개)을 평균 B학점 이상으로 이수한 자 나. 분석 및 평가분야에서 강의하는 대학의 강사 이상, 연구기관의 분석 및 평가분야에서 3년 이상 연구한 연구원(위원), 분석 및 평가분야에서 7년 이상 근무한 공공기관 및 기업체 직원에 해당하는 자는 자격관리위원회의 심의에 따라 1급1차 시험을 면제받을 수 있다.
정책분석평가사 2급	가. 2급 시험응시자 중에서 대학원에서 소정의 과목(8개)을 평균 B학점 이상으로 이수한 자 또는 대학에서 소정의 과목(12개)을 평균 B학점 이상으로 이수한 자
정책분석평가사 3급	가. 3급 시험응시자 중에서 대학에서 소정의 과목(조사방법론, 계량분석론, 정책분석론)을 B학점 이상으로 이수한 자

표 55 정책분석평가사 시험과목 전부면제

2) 행정사(국가자격증)

가) 기본정보

행정사란 행정업무의 원활한 운영과 국민의 권리구제를 목적으로 국민의 권리의무, 사실조사 및 행정업무와 관련된 국민편의를 도모하는 전문자격사로서 정부 각 부처 및 지방자치단체의 행정업무 중 타법에 의하여 다른 전문자격사의 소관업무 이외의 업무를 처리하는 전문자격사이다.

행정사의 종류로는 일반 행정사, 기술 행정사, 외국어 번역행정사가 있다.

주요 업무는 분야별로 다음과 같다.

▶일반행정사

일반 행정사란 민원인의 부탁에 의하여 보수를 받고 행정기관에 제출하는 서류나 주민의 권리·의무 사실에 증명에 관한 서류의 작성 및 대리 제출 등을 업무를 하는 전문 자격자를 말한다. 일반 행정사의 업무는 위에 서술된 업무 중 기술 행정사, 즉 해운 및 해양안전심판에 관련된 것을 제외한 것을 담당한다.

▶기술행정사

기술행정사는 해운 및 해양안전심판에 관련된 업무를 하는 전문 행정사를 말한다.

▶외국어번역행정사

외국어 번역 행정사는 행정기관의 업무에 관련된 서류의 번역과 번역한 서류를 위임자를 대행하여 행정기관 등에 제출하는 업무를 한다.

나) 시험정보

(1) 응시자격 및 결격사유

제한 없음, 다만 행정사법 제6조의 결격사유에 해당하는 사람은 행정사가 될 수 없으며, 행정사법 제9조의2에 따라 부정행위자로 처분 받은 사람은 그 처분이 있은 날부터 5년간 행정사 자격시험에 응시할 수 없다.

행정사 결격사유자(행정사법 제6조)는 다음과 같다.

1. 피성년후견인 또는 피한정후견인
2. 파산선고를 받고 복권되지 아니한 사람
3. 금고 이상의 실형을 선고 받고 그 집행이 끝나거나(집행이 끝난 것으로 보는 경우를 포함) 집행이 면제된 날부터 3년이 지나지 아니한 사람
4. 금고이상의 형의 집행유예를 선고 받고 그 유예기간이 끝난 날로부터 2년이 지나지 아니한 사람
5. 금고이상의 형의 선고유예를 받고 그 유예기간에 있는 사람
6. 공무원으로서 징계처분에 따라 파면되거나 해임된 후 3년이 지나지 아니한 사람
7. 행정사법 제30조(자격의 취소)에 따라 행정사 자격이 최소된 후 3년이 지나지 아니한 사람

(2) 합격통계

시행회차(시행년도)	종류	1차시험					2차시험					(면제포함)
		대상	응시	응시율	합격	합격율	대상	응시	응시율	합격	합격율	계
제4회 (2016년)	계	2,704	1,665	61.6%	633	38.0%	843	646	76.6%	330	51.1%	65,744
	일반행정사	2,350	1,436	61.1%	545	38.0%	750	569	75.9%	287	50.4%	65,065
	기술행정사	86	33	38.4%	19	57.6%	24	15	62.5%	3	20.0%	602
	외국어번역행정사	268	196	73.1%	69	35.2%	69	62	89.9%	40	64.5%	77
제5회 (2017년)	계	2,574	1,807	70.2%	736	40.7%	956	643	67.3%	311	48.4%	46,989
	일반행정사	2,283	1,611	70.6%	659	40.9%	848	568	67.0%	266	46.8%	46,068
	기술행정사	49	17	34.7%	8	47.1%	25	13	52.0%	5	38.5%	844
	외국어번역행정사	242	179	74.0%	69	38.5%	83	62	74.7%	40	64.5%	77
제6회 (2018년)	계	2,941	1,747	59.4%	349	20.0%	677	529	78.1%	253	47.8%	26,498
	일반행정사	2,575	1,541	59.8%	305	19.8%	591	451	76.3%	210	46.6%	25,336
	기술행정사	92	12	13.0%	2	16.7%	9	7	77.8%	3	42.9%	1,079
	외국어번역행정사	274	194	70.8%	42	21.6%	77	71	92.2%	40	56.3%	83
제7회 (2019년)	계	3,352	2,026	60.4%	694	34.3%	808	620	76.7%	276	44.5%	24,547
	일반행정사	2,962	1,826	61.6%	639	35.0%	705	536	76.0%	233	43.5%	22,946
	기술행정사	106	12	11.3%	3	25.0%	15	9	60.0%	3	33.3%	1,508
	외국어번역행정사	284	188	66.2%	52	27.7%	88	75	85.2%	40	53.3%	93
제8회 (2020년)	계	3,074	2,208	71.8%	847	38.4%	1,056	812	76.9%	299	36.8%	18,647
	일반행정사	2,827	2,024	71.6%	774	38.2%	946	726	76.7%	257	35.4%	17,567
	기술행정사	19	9	47.4%	5	55.6%	12	6	50.0%	2	33.3%	992
	외국어번역행정사	228	175	76.8%	68	38.9%	98	80	81.6%	40	50.0%	88

(3) 시험과목 및 배점

<table>
<tr><th>구분</th><th>교시</th><th colspan="4">시험과목</th><th>문항 수</th><th>시험시간</th></tr>
<tr><td>1차 시험 (5지 선택형)</td><td>-</td><td colspan="4">1. 민법(총칙)
2. 행정법
3. 행정학개론(지방자치행정 포함)</td><td>과목 당 25문항 (총75문항)</td><td>75 분 (09 : 30~ 10 : 45)</td></tr>
<tr><td rowspan="4">2차 시험 (논술형)</td><td>1</td><td colspan="4">1. 민법(계약)
2. 행정절차론(행정절차법 포함)</td><td rowspan="4">과목 당 4문항 (논술1문제, 약술3 문제)</td><td rowspan="4">1교시 공통 100분 (09:30~11 :10)

2교시 일반,기술 100분 (11:40~13 :20)
외국어 50분 (11:40~12 :30)</td></tr>
<tr><td rowspan="3">2</td><td></td><td>일반</td><td>기술</td><td>외국어 번역</td></tr>
<tr><td>공통 과목</td><td colspan="3">3. 사무관리론
(민원 처리에 관한 법률 및 행정 효율과 협업 촉진에 관한 규정 포함)</td></tr>
<tr><td>선택 과목</td><td>4.행정사실무법(행정심판사례비송사건절차법)</td><td>4.해사실무법
-선박안전법
-해운법
-해사안전법
-해양사고의 조사 및 심판에 관한 법률</td><td>4.해당 외국어</td></tr>
</table>

표 56 행정사 시험과목 및 방법(행정사법 시행령 제9조 제1항 및 제 13조제 3항 관련)

※ 시행령 [별표2]에 따라 「해당 외국어」는 외국어능력검정시험으로 대체 가능한 7개 언어 (영어, 일본어, 중국어, 스페인어, 프랑스어, 독일어, 러시아어)에 한함

※ 관련법률 등을 적용하여 정답을 구해야 하는 문제는 “시험 시행일” 현재 시행중인 법률을 적용

(4) 합격기준 면제 대상자

구분	합격결정기준
1,2차 공통	과목당 100점을 만점으로 하여 모든 과목의 점수가 40점 이상, 전 과목 평균 점수가 60점 이상 득점한자 (외국어능력검정시험으로 대체하는 해당 외국어시험은 제외)

표 57 행정사 합격기준

구분	2011. 3. 8 법률 공포전 경력자	2011. 3. 8 법률 공포후 경력자
1차 면제	- 경력직공무원(특정직공무원 중 대통령령으로 정하는 공무원과 기능직공무원은 제외, 이하 같음) 으로 5년 이상 근무하거나, 대통령령으로 정하는 특수경력직 공무원으로 7급이상에 상당하는 직에 5년 이상 근무한 자	- 경력직 공무원(특정직공무원 중 대통령령으로 정하는 공무원과 기능직공무원은 제외, 이하 같음) 으로 10년 이상 근무한 사람중 7급 (이에 상당하는 계급을 포함) 이상의 직에 ' 근무한 사람 - 대통령령으로 정하는 특수경력직공무원으로 10년 이상 근무한 사람중 7급 이상에 상당하는 직에 근무한 사람
1차 면제 및 2차 일부 면제	없음	- 경력직공무원으로서 15년 이상 근무한 사람 중 7급(이에 상당하는 계급을 포함한다) 이상의 직에 근무한 사람 - 경력직공무원으로서 5급(이에 상당하는 계급을 포함한다) 이상의 직에 5년 이상 근무한 사람 - 대통령령으로 정하는 특수경력직공무원으로 15년 이상 근무한 사람중 7급 이상에 상당하는 직에 근무한 사람 - 대통령령으로 정하는 특수경력직공무원으로 5급 이상에 상당하는 직에 5년이상 근무한 사람
전부 면제	- 경력직공무원으로 10년 이상 근무하거나 6급(이에 상당하는 계급을 포함) 이상의 직에 5년 이상 근무한 자 - 대통령령으로 정하는 특수경력직공무원으로 7급 이상에 상당하는 직에 10년 이상 근무하거나 6급(이에 상당하는 계급을 포함) 이상의 직에 5년 이상 근무한 자	전부 면제 조항 폐지

그림 7 행정사 면제대상자 중 경력에 의한 면제(일반·기술행정사)

구분	2011. 3. 8 법률 공포전 경력자	2011. 3. 8 법률 공포후 경력자
1차 면제	- 경력직공무원(특정직공무원 중 대통령령으로 정하는 공무원과 기능직공무원은 제외, 이하 같음) 으로 5년 이상 근무하거나, 대통령령으로 정하는 특수경력직 공무원으로 7급이상에 상당하는 직에 5년 이상 근무한 자	- 고등교육법에 따른 대학에서 외국어전공 학사학위를 받은 후 그 외국어 번역업무에 5년이상 종사한 경력이 있는 사람 - 고등교육법에 따른 대학원에서 외국어전공 석사학위 또는 박사학위를 받은 후 그 외국어 번역업무에 3년 이상 종사한 경력이 있는 사람
1차 면제 및 2차 일부 면제	없음	- 고등교육법에 따른 대학에서 외국어전공 학사학위를 받은 후 그 외국어 번역업무에 7년이상 종사한 경력이 있는 사람 - 고등교육법에 따른 대학원에서 외국어전공 석사학위 또는 박사학위를 받은 후 그 외국어 번역업무에 5년 이상 종사한 경력이 있는 사람
전부 면제	- 대학에서 외국어전공 학사학위를 받고 당해 외국어번역 업무에 5년 이상 종사한 경력이 있는 자 - 대학원에서 외국어전공 석사학위 또는 박사학위를 받고 당해 외국어 번역업무에 2년 이상 종사한 경력이 있는 자	전부 면제 조항 폐지

그림 8 행정사 면제 대상자 중 경력에 의한 면제(외국어번역행정사)

2016.1.1 개정법령 시행이후부터 행정사법 제9조 3항에 따른 탄핵 또는 징계를 받은 사람은 시험면제 적용을 하지 않고 있다. 기술행정사의 시험이 면제되는 공무원은 해운 또는 해양안전심판에 직접 종사한 사람으로 한정(행정사법 시행령 제14조제2항)한다. 외국어번역 업무 종사 경력은 행정사법 시행령 제14조제1항 각 호에 해당하는 기관·단체에서 종사한 경력만 해당한다.

경력에 의한 면제유형 중 제2차 시험 일부 면제과목은 일반 행정사 및 기술행정사가 행정절차론(「행정절차법」 포함)에 해당

나. 사무 관리론(「민원사무처리에 관한 법률」, 「행정업무의 효율적 운영에 관한 규정」 포함)

- 외국어번역행정사

가. 민법(계약)

나. 해당 외국어

3) 인적자원개발 관리사(민간자격)

가) 기본정보

인적자원개발관리사란 최고경영자를 위한 전략을 세우는 역할, 현정관리자의 인적자원관리를 지원하는 자문 역할, 관리를 위해 필요한 일반관리직 역할 뿐 아니라 기업의 문화를 만들어 바람직한 영향을 주는 역할까지도 수행하는 사람이다. 조직이 보유한 물적, 재정, 인적자원 중 가치를 측정하기 어렵지만 매우 중요한 자원인 인적자원을 효과적으로 활용하기 위해 등록된 자격증이다.

인적자원개발관리사는 주로 기업이나 단체, 공공기관, 정부부처 등에서 전문가로 활동하고 있는데, 자격증 취득은 온라인 강의를 통해 필수 5가지 과목만 이수하면 시험에 응시할 수 있는 자격이 생긴다. 과정은 약 15주 과정으로 약 3개월 정도의 기간이 걸린다.

나) 시험정보

(1) 응시자격

만 18세 이상 고졸자라면 누구나 가능하다.

(2) 검정시험

객관식 필기시험 진행

(3) 이수과목

리더십, 인간관계론, 인력개발과 활용, 인적자원관리, 조직행동론

구분	시험 과목	이수과목별 기준내용
필수과목 (5과목)	리더십	조직목표 달성을 위해 모든 조직의 리더가 갖춰야 할 핵심역량 요소인 리더십의 실체 및 본질을 이해하고, 지식정보화사회에 부합하는 혁신적 리더십 개발을 위한 방법론을 연구하는 데 그 목적이 있다. 따라서 리더십의 실체 및 본질을 이해하고 리더십 개발 방법론 연구를 통해 리더십 역량을 함양한다. 본 과목은 리더십의 정의, 유효성, 영향력, 변혁적 리더십과 팀 리더십에 대해 배운다. 또한 리더십 개발과 관련한 리더십 기술 개발의 중요성, 리더에게 요구되는 리더십 기술, 리더십 변화과정을 배운다. 아울러 이론과 더불어 국내외 사례분석 및 토의를 통한 리더십에 대한 전문적 지식 및 기법을 체득한다. 본 과목을 통해 시대가 요구하는 잠재력을 개발, 진정한 리더로 성장할 수 있는 능력을 배양한다.
	인간관계론	본 과목은 인간관계의 필요성과 중요성을 이해시키고, 인간관계의 이론 및 기술을 습득케 하여 인간관계 능력을 성숙한 수준으로 향상시키는 것을 목표로 한다. 이를 위해 인간관계의 의의와 본질을 학습시키고, 인간관계를 증진시키는 데 필요한 의사소통 기술과 심리분석이론을 습득케 하며, 사례연구를 바탕으로 인간관계기술을 숙지하도록 한다. 이는 인지· 정서· 행동발달에 도움을 주어 효율적이고 적극적인 인간관계를 형성할 수 있도록 함과 동시에 사회에서 성공적인 인간관계의 기초가 되도록 하는 것에 그 목적이 있다.
	인력개발과 활용	인적자원관리(Human Reasource Management)는 인력관리, 종업원 관계, 노사관계 등을 모두 포함한 의미이다. 인적자원관리 활동은 특정 직무가 요구하는 개별능력을 객관적으로 파악하여 이것을 바탕으로 인재 모집·채용·선발·교육훈련 및 재훈련·협상·자문·지휘·감독·위탁·보상·이동·승진·해고나 퇴직 등의 관리활동을 전개한다. 인적자원관리의 중요성을 인식하고 노동시장의 변화현상을 직시하여 인적자원관리의 새로운 방향을 모색하고자 한다.
	인적자원 관리	현대기업에서 경영학의 여러 분야 중 가장 중요성이 강조되고 있는 것이 사람과 관련된 인적자원 분야이다. 그 어느 때보다도 조직구성원들의 창의성이 요구되는바 우수인재의 채용과 육성, 그리고 유지가 기업의 경쟁력을 갖추는데 필수적인 요소라고 볼 수 있다. 우리는 이 과목을 학습함으로서 조직에서 사람의 역할이 그 어떤 자원보다도 중요함을 배울 수 있을 것이다.
	조직행동론	개인과 조직의 행동 및 관계에 대한 제반 이론과 그 행동 방식에 따라서 나타나는 전체적인 조직 현상을 이해한다.이를 위해 본 교과목에서는 조직 효율성 향상과 관련된 개인의 욕구수준, 동기, 지각과 태도, 집단의 특성 등 개인과 조직 행동의 제반 내용을 학습한다. 그리고 조직행동 이론을 기초로 하여 현대 경영 조직 행동 이론의 학습과 사례를 통한 문제해결 능력을 훈련한다. 본 과목을 통해 집단내 조직구성원의 행동과 태도에 관한 제반 이론을 이해할 수 있고, 이러한 행동과 태도가 조직에 미치는 영향을 파악하여 조직행동 실무에 활용할 수 있다.

표 58 인적자원개발관리사 이수과목별 기준내용

아. 관광·문화·여가

1) 동력수상레저기구조종면허(국가기술자격)

가) 기본정보

동력수상레저기구조종면허는 해양경찰청에서 시행하는 동력수상레저기구 조종면허 시험에 합격하여 면허를 취득한 자를 말한다. 또한, 일반조종면허 1급과 2급은 조종할 수 있는 수상레저기구는 동일하다. 다만 일반 제1급 면허는 타인의 안전을 책임지는 전문가에게 적합하고, 순수하게 레저 활동을 즐기기 위해 동력수상레저기구를 조종하려면 일반 제2급 면허로도 충분하다.

해양경찰청장의 동력수상레저기구조종면허를 받아야하는 동력수상레저기구는 모터보트, 세일링요트, 수상오토바이, 고무보트, 스쿠터, 호버크래프트 중 추진기관의 최대출력이 5마력 이상인 것을 말한다.

나) 시험정보

(1) 응시요건 및 결격사유

자격요건은 만14세 이상인 자로, 14세 미만이라도 국민체육진흥법 제2조 제10호의 규정에 의한 경기단체에서 동력수상레저기구 관련 선수로 등록된 자로서 1년 이상 경과한 자는 응시 가능하며, 기타 수상레저안전법 제5조 조종면허의 결격사유에 해당하지 아니하여야 한다.

결격사유는 다음에 해당하는 사람이다.(수상레저안전법 제5조(조종면허의 결격사유)에 의거)

1. 14세미만인 자. 다만, 제7조제1항제1호에 해당하는 자([국민체육진흥법] 제2조제10호의 규정에 따른 경기단체에 동력수상레저기구의 선수로 등록된 자)는 그러하지 아니한다.
2. 정신질환자·정신미약자 또는 알콜중독자
3. 마약. 대마 또는 향정신성의약품 중독자
4. 제13조제1항의 규정에 의하여 조종면허가 취소된 날부터 1년이 경과되지 아니한 자
5. 제20조 본문의 규정에 위반하여 조종면허를 받지 아니하고 동력수상레저기구를 조종한 자로서 그 위반한 날부터 1년(사람을 사상한 후 구호조치 등 필요한 조치를 하지 아니하고 도주한 자는 그 위반한 날부터 4년)이 경과되지 아니한 자
6 . 조종면허시험 중 부정행위로 적발된 경우 2년간 응시불가

(2) 취득방법

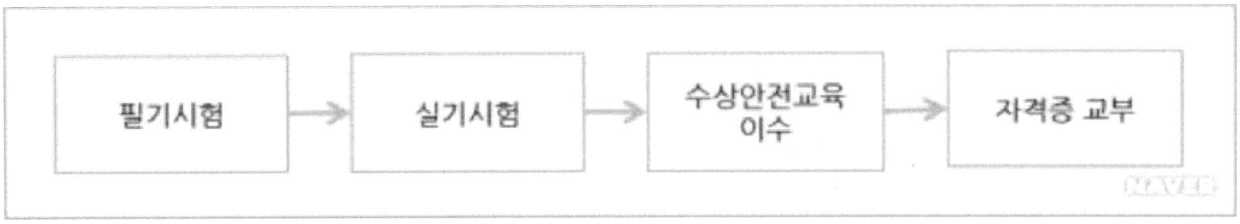

동력수상레저기구 조종면허 취득절차

(3) 시험과목 구성

	시험과목	비고
필기시험	①일반조종면허 : 수상레저안전(20%), 운항 및 운용(20%), 기관(10%), 법규(50%) ②요트조종면허 : 요트활동 개요(10%), 요트(크루즈급)(20%), 항해 및 범주(20%), 법규(50%)	4지선다형, 50문항
실기시험	①일반조종면허 : 출발 전 점검 및 확인, 출발, 변침, 운항, 사행, 급정지 및 후진, 인명구조, 접안 ②요트 조종면허 : 출발 전 점검 및 확인, 출발 및 기주, 범주, 입항	전국 19개 시험장 (일반 :14, 요트:5)에서 실시 ※자세한 시험 정보는 해당 자격홈페이지 (http://wrms.kcg.go.kr) 에서 확인

표 59 동력수상레저기구조종면허 시험과목

(4) 합격기준

구분	기준
필기시험	• 일반1급 : 70점, 、일반2급 : 60점, 、요트 : 70점
실기시험	• 일반1급 : 80점, 、일반2급 : 60점, 、요트 : 60점

표 60 동력수상레저기구조종면허 합격기준

(5) 시험면제

면제대상자	면허의 종류	면제되는 시험의 종류
1. 국민체육진흥법 제2조 제11호의 규정에 의한 경기단체에 동력수상레저기구의 선수로 등록된 자	제2급조종면허	실기
2. 고등교육법 제2조의 규정에 의한 학교에 설치된 동력수상레저기구에 관한과목을 6학점이상 필수적으로 이수하여야 하는 학과 졸업자로서 당해 면허와 관련된 동력수상레저기구에 관한 과목을 이수한 자 3. 선박직원법 제4조 제2항 각호의 규정에 의한 해기사 면허중 항해사, 기관사, 운항사 또는 소형선박 조종사의 면허를 가진 자	제2급조종면허, 요트조종면허	필기
4. 중앙행정기관 및 지방자치단체에서 발급한 동력수상 레저기구 면허 또는 자격을 가진 자 5. 한국해양소년단연맹육성에관한 법률에 의한 한국해양소년단연맹 또는 국민체육 진흥법 제2조 제11호의 규정에 의한 경기단체에서 동력수상레저기구의 이용 등에 관한 교육·훈련업무에 1년 이상 종사한 자로서 해당 단체의 장의 추천을 받은 자 6. 경찰, 군 및 소방관서, 국민체육진흥법 제2조 제11호의 규정에 따른 경기단체에서 실시하는 교육을 이수하고 소정의 자격을 받은 자	제2급조종면허	실기
7. 경찰, 군 및 소방관서, 국민체육진흥법 제2조 제11호의 규정에 따른 경기단체에서 실시하는 교육을 이수하고 소정의 자격을 받은 자	요트조종면허	실기
8. 제1급 조종면허 필기시험을 합격한 후 제2급 조종면허 실기시험으로 변경하여 응시 하고자 하는 자 (제2급 조종면허/필기)	제2급조종면허	필기

표 61 동력수상레저기구조종면허 시험면제

다) 활용정보

동력수상레저기구 1급 면허 소지자는 시험대행기관의 시험관, 수상레저사업자, 비영리단체에서 실시하는 교육 및 훈련강사 등 특별히 타인의 안전을 책임지는 전문인으로 활동 할 수 있다. 또한, 동력수상레저기구 1급, 2급, 요트조종 면허 소지자가 해양경찰 채용시험에 응시하는 경우, 1점의 가산점을 받는다.

2) 한국커피협회 바리스타(민간자격)

가) 기본정보

바리스타 자격은 커피산업에서 필요한 액상커피 추출전문가를 양성하여 대한민국 커피산업의 안정적인 그리고 올바른 커피문화를 정착시키고자 하는데 목표가 있다. 현재 국내에서 발급되는 바리스타자격증은 모두 민간자격증으로 본 도서에서는 한국커피협회가 주관하는 자격시험을 다룬다.

바리스타 자격증은 먼저 국내와 국재로 나누어지게 된다. 국내의 경우 머신을 활용하는 자격증 위주로 취득이 가능지만, 국제의 경우 머신을 다루는 자격증 말고도 센서리(향과 맛을 평가), 로스팅(복는 기술), 브루잉(추출), 그린빈(생두의 이해) 등 커피의 시작부터 상품화 되는 전반적인 모든 과정을 단계별로 배우면 취득할 수 있다.

또한, 바리스타 자격시험은 2급과 1급으로 나뉘며, 2급 자격증 취득 후 1급 시험에 응시가능하다. 다. 바리스타 2급 자격증은 커피관련 이론 및 기본 기술을 익히는 과정이며, 바리스타 1급 자격증은 카페 등 영업장에서의 서비스 능력향상, 에스프레소 머신에 대한 이해, 원두커피의 다양성 및 특징을 파악하는 등 보다 전문적인 지식과 기술을 갖출 수 있는 실무 중심적인 인재양성을 목표로 한다.

나) 시험정보

(1) 응시자격

필기시험은 응시 제한이 없으며, 실기시험은 해당 종목의 필기시험을 합격한 후에 실기시험 시행일까지 2년이 경과하지 않은 바리스팅 전공자가 응시할 수 있다.

(2) 자격검정

①바리스타 2급

구분	검정과목	검정방법	합격기준	응시료
필기시험	- 커피학 개론 - 커피기계학 - 카피추출원론 - 매장관리서비스	- 50문항/50분 - 객관식 4지선 다형	60점 이상 합격 (30문제 이상)	30,000원
실기시험	- 에스프레소 1잔 - 카푸치노 1잔 - 카페 아메리카노 1잔 - 카페 라떼 1잔	총25분 준비 10분 조리 10분 정리 5분	60점 이상 합격	50,000

표 62 바리스타 2급 자격검정

②바리스타 1급

구분	검정과목	검정방법	합격기준	응시료
필기시험	- 커피학 일반 - 커피머신관리학 - 카피추출일반 - 핸드드립과 라떼아트 이론 - 커피매장관리 및 창업	- 60문항/60분 - 객관식 5지선다형	60점이상합격 (36문제 이상)	40,000원
실기시험	- 핸드드립 2잔 - 라떼아트/메뉴조라 총 4잔 [카푸치노(하트), 카푸 치노(로제타), 카페마끼 아또, 라떼마끼아또]	-핸드드립2잔 준비 3분 조리5분 -라떼아트 2잔/메뉴조리2잔 분비 3분 조리 6분	60점이상합격 (핸드드립 40점, 라떼아트/메뉴조리 60점)	60,000

표 63 바리스타1 급 자격검정

3) 관광통역안내사

가) 기본정보

관광통역안내사란 관광도 하나의 산업으로서 국가경제에 미치는 영향이 크다고 판단되어 문화체육관광부에서 실시하는 통역분야의 유일한 국가 공인자격증으로서 외국인 관광객의 국내여행 안내와 한국의 문화를 소개한다. 이로 인해, 관광통역안내사의 수행직무는 국내를 여행하는 외국인에게 외국어를 사용하여 관광지 및 관광대상물을 설명하거나 여행을 안내하는 등 여행의 편의를 제공해준다.

나) 시험정보

(1) 응시자격

응시자격에는 제한이 없다. 단,「관광진흥법」제38조제5항(동법 제7조 준용)에 해당하는 결격사유가 없는 자여야 한다.

※관광통역안내사 결격사유자

1. 피성년후견인*피한정후견인
2. 파산선고를 받고 복권되지 아니한 자
3. 관광진흥법을 위반하여 징역 이상의 실형을 선고받고 그 집행이 끝나거나 집행을 받지 아니하기로 확정된 후 2년이 지나지 아니한 자 또는 형의 집행유예 기간 중에 있는 자

(2) 시험과목 및 방법

<table>
<tr><th>구분</th><th>교시</th><th>과목</th><th>배점</th><th>시험시간</th><th>시험방법</th></tr>
<tr><td rowspan="4">제1차 시험</td><td rowspan="2">1</td><td>① 국사</td><td rowspan="2">40%
20%</td><td rowspan="2">50분
(9:30~10:20)</td><td rowspan="4">객관식
4지택일형</td></tr>
<tr><td>② 관광자원해설</td></tr>
<tr><td rowspan="2">2</td><td>③ 관광법규</td><td rowspan="2">20%
20%</td><td rowspan="2">50분
(10:50~11:40)</td></tr>
<tr><td>④ 관광학개론</td></tr>
<tr><td>제2차 시험</td><td colspan="3">1.국가관, 사명감 등 정신자세
2.전문지식과 응용능력
3.예의, 품행 및 성실성
4.의사발표의 정확성과 논리성</td><td>1인당 10~15분 내외</td><td>면접</td></tr>
</table>

표 64 관광통역안내사 시험시간

(3) 합격기준

종류	합격자
외국어시험	다른 외국어시험기관에서 실시한 「공인어학시험성적」으로 대체
필기시험	매 과목 4할 이상, 전 과목의 점수가 배점비율로 환산하여 6할 이상 득점한 자
면접시험	면접시험 총점의 6할 이상 득점한 자

표 65 관공통역안내사 합격기준

※공인어학시험의 종류 및 기준점수

언 어	어학시험	기준점수
영 어	토플(TOEFL) PBT	584점 이상
	토플(TOEFL) IBT	81점 이상
	토익(TOEIC)	760점 이상
	텝스(TEPS)	372점 이상
	지텔프(G-TELP)	레벨2 74점 이상
	플렉스(FLEX)	776점 이상
	아이엘츠(IELTS)	5점 이상
일본어	일본어능력시험(JPT)	740점 이상
	일본어검정시험(日檢, NIKKEN)	750점 이상
	플렉스(FLEX)	776점 이상
	일본어능력시험(JLPT)	N1 이상
중국어	한어수평고시(HSK)	5급 이상
	플렉스(FLEX)	776점 이상
	실용중국어시험(BCT) (B)	181점 이상
	실용중국어시험(BCT) (B)L&R	601점 이상
	중국어실용능력시험(CPT)	750점 이상
	대만중국어능력시험(TOCFL)	5급(유리) 이상
프랑스어	플렉스(FLEX)	776점 이상
	델프/달프(DELF/DALF)	델프(DELF) B2 이상
독일어	플렉스(FLEX)	776점 이상
	괴테어학검정시험(Goethe Zertifikat)	B1(ZD) 이상
스페인어	플렉스(FLEX)	776점 이상
	델레(DELE)	B2 이상
러시아어	플렉스(FLEX)	776점 이상
	토르플(TORFL)	1단계 이상
이탈리아어	칠스(CILS)	레벨2-B2(Livello Due-B2) 이상
	첼리(CELI)	첼리(CELI) 3 이상
태국어, 베트남어, 말레이·인도네시아어, 아랍어	플렉스(FLEX)	600점 이상

(4) 합격통계

구 분		2015	2016	2017	2018	2019
1차	대상	14,680	12,171	5,231	4,027	3,993
	응시	13,096	10,575	4,276	3,356	3,206
	응시률(%)	89.2%	86.9%	81.7%	83.3%	80.3%
	합격	3,481	3,046	2,144	1,503	1,890
	합격률(%)	27%	28.8%	50.1%	44.8%	58.9%
2차	대상	5,441	4,504	3,361	2,467	2,536
	응시	4,879	3,997	2,861	2,041	2,178
	응시률(%)	90%	88.7%	85.1%	82.7%	85.9%
	합격	2,522	2,145	1,610	1,251	1,428
	합격률(%)	52%	53.7%	56.3%	61.3%	65.6%

표 66 관광통역안내사 합격자 수 통계자료

여행사, 호텔, 항공사, 해외여행업계 프리랜서, 무역회사, 통역사 등에 취업 가능하며 프리랜서 관광통역안내사로 활동할 수도 있다. 경제, 사회적 발전과 더불어 교통수단의 발전문화교류의 증대, 여가시간의 증가에 따라 관광산업은 인류전체에 공통적으로 해당되는 유망직종이기 때문에 활용범위는 넓다고 할 수 있다.

또한, 외국인 관광객을 대상으로 하는 여행업자는 관광 통역 안내사 자격을 가진 사람을 관광안내에 종사하도록 관광 진흥법이 개정되었다.

자. 안전·보안

1) 산업안전기사(국가기술자격)

가) 기본정보

산업안전기사는 산업안전기사 시험의 응시자격을 갖춘 자가 산업인력공단에서 시행하는 산업안전기사 시험에 합격하여 그 자격을 취득한 자를 말한다. 또한, 생산관리에서 안전을 제외하고는 생산성 향상에 주력할 수 있는 작업환경을 만들 기 위하여 전문적인 지식을 가진 기술인력을 양성하고자 자격제도를 제정하였다.

수행직무는 제조 및 서비스업 등 각 산업현장에 배속되어 산업재해 예방계획의 수립에 관한 사항을 수행하며, 작업 환경의 점검 및 개선에 관한 사항, 유해 및 위험방지에 관한 사항, 사고사례 분석 및 개선에 관한 사항, 근로자의 안전교육 및 훈련에 관한 업무를 수행한다.

나) 시험정보

(1) 응시자격

응시자격에는 제한이 있으며, 다음과 같다.

기술자격 소지자	관련학과 졸업자	순수경력자	비고
·동일(유사)분야 기사 ·산업기사 + 1년 ·기능사 + 3년 ·동일종목외 외국자격취득자	·대졸(졸업예정자) ·3년제 전문대졸+1년 ·2년제 전문대졸+2년 ·기사수준의 훈련과정 이수자 ·산업기사수준 훈련과정 이수 + 2년	4년 (동일, 유사 분야)	※ 비관련학과 관련 응시자격 → 2013.1.1부터 폐지

표 67 산업안전기사 응시자격

※ 관련학과 : 4년제 대학교 이상의 학교에 개설되어 있는 산업공학과, 안전공학과 등
※ 동일직무분야 : 경영·회계·사무 중 생산관리, 건설, 광업자원, 기계, 재료, 화학, 섬유·의복, 전기·전자, 정보통신, 식품가공, 인쇄·목재·가구·공예, 농림어업, 환경·에너지

(2) 시험과목 및 검정방법

구분	시험과목	검정방법 및 시험시간
필기시험	① 안전관리론 ② 인간공학 및 시스템안전공학 ③ 기계위험방지기술 ④ 전기위험방지기술 ⑤ 화학설비위험방지기술 ⑥ 건설안전기술	객관식 4지 택일형, 과목당 20문항(과목당 30분)
실기시험	산업안전실무	복합형[필답형(1시간 30분) + 작업형(1시간 정도)]

표 68 안전보건기사 시험과목 및 검정방법

(3) 합격기준

① 필기 : 100점을 만점으로 하여 과목당 40점 이상, 전 과목 평균 60점 이상
② 실기 : 100점을 만점으로 하여 60점 이상(필기시험에 합격한 자에 대하여는 필기시험 합격자 발표일로부터 2년간 필기시험을 면제한다.)

(4) 검정현황

연도	필기			실기		
	응시	합격	합격률(%)	응시	합격	합격률(%)
2020	33,732	19,655	58.3%	26,012	14,824	57%
2019	33,287	15,076	45.3%	20,704	9,765	47.2%
2018	27,018	11,641	43.1%	15,755	7,600	48.2%
2017	25,088	11,138	44.4%	16,019	7,886	49.2%
2016	23,322	9,780	41.9%	12,135	6,882	56.7%

표 69 안전보건기사 검정현황

다) 진로 및 전망

- 기계, 금속, 전기, 화학, 목재 등 모든 제조업체, 안전관리 대행업체, 산업안전관리 정부기관, 한국산업안전공단 등이 진출할 수 있다.

- 선진국의 척도는 안전수준으로 우리나라의 경우 재해율이 아직 후진국 수준에 머물러 있어 이에 대한 계속적 투자의 사회적 인식이 높아가고, 안전인증 대상을 확대하여 프레스, 용접기 등 기계·기구에서 이러한 기계·기구의 각종 방호장치까지 안전인증 을 취득하도록 산업안전보건법 시행규칙의 개정에 따른 고용창출 효과가 기대되고 있다.

-경제회복국면과 안전보건조직 축소가 맞물림에 따라 산업 재해의 증가가 우려되고 있다. 특히 제조업의 경우 이미 올해 초부터 전년도의 재해율을 상회하고 있어 정부는 적극적인 재해 예방정책 등으로 이 자격증 취득자에 대한 인력수요는 증가 할 것이다.

2) 전기기사(국가기술자격)

가) 기본정보

전기기사란 응시자격을 갖춘 자가 산업인력공단에서 시행하는 전기기사 시험에 합격하여 그 자격을 취득한 자를 말한다. 또한, 전기를 합리적으로 사용하는 것은 전력부문의 투자효율성을 높이는 것은 물론 국가 경제의 효율성 측면에도 중요한다. 하지만 자칫 전기를 소홀하게 다룰 경우 큰 사고의 위험이 있기 때문에 전기 설비의 운전 및 조직*유지*보수에 관한 전문 자격제도를 실시하여 전기로 인한 재해를 방지하고 안전성을 높이고자 자격제도를 제정하였다.

나) 시험정보

(1) 응시자격

응시자격에는 다음과 같은 제한이 있다.

기술자격 소지자	관련학과 전공자	순수경력자
· 동일(유사)분야 다른 종목 기사 · 동일종목 외국자격취득자 · 산업기사 + 실무경력 1년 · 기능사 + 실무경력 3년	· 대졸(졸업예정자) · 기사수준의 훈련과정 이수자 · 3년제 전문대졸 +실무경력 1년 · 2년제 전문대졸 + 2년 · 산업기사수준 훈련과정 이수 + 2년	실무경력 4년 (동일, 유사 분야)

표 70 전기기사 응시자격

※ 비관련학과 관련 응시자격 → 2013.1.1부터 폐지

※ 관련학과 : 4년제 대학교 이상의 학교에 개설되어 있는 전기공학과, 전기전자공학과, 전기제어공학과, 전기정보시스템공학과 등

※ 동일직무분야 : 경영 · 회계 · 사무 중 생산관리, 문화 · 예술 · 디자인 · 방송 중 방송, 건설, 기계, 재료, 정보통신, 안전관리, 환경 · 에너지

(2) 시험과목 및 검정방법

구분	시험과목	검정방법 및 시험시간
필기시험	① 전기자기학 ② 전력공학 ③ 전기기기 ④ 회로이론 및 제어공학 ⑤ 전기설비기술기준 및 판단기준	객관식 4지 택일형, 과목당 20문항(과목당 30분)
실기시험	전기설비설계 및 관리	필답형(2시간 30분)

표 71 전기기사 시험과목 및 검정방법

(3) 합격기준

구분	합격기준
필기	100점을 만점으로 하여 과목당 40점 이상, 전 과목 평균 60점 이상
실기	100점을 만점으로 하여 60점 이상

표 72 전기기사 합격기준

(4) 검정현황

연도	필기			실기		
	응시	합격	합격률(%)	응시	합격	합격률(%)
2020	56,376	15,970	28.3%	42,416	7,151	16.9%
2019	49,815	14,512	29.1%	31,476	12,760	40.5%
2018	44,920	12,329	27.4%	30,849	4,412	14.3%
2017	43,104	10,831	25.1%	25,309	9,457	37.4%
2016	38,632	9,085	23.5%	23,089	4,676	20.3%
2015	33,071	8,095	24.5%	18,636	3,060	16.4%

표 73 전기기사 검정현황

다) 진로 및 전망

- 한국전력공사를 비롯한 전기기기제조업체, 전기공사업체, 전기설계전문업체, 전기기기 설비업체, 전기안전관리 대행업체, 환경시설업체 등에 취업할 수 있다.
  또한, 전기부품·장비·장치의 디자인 및 제조, 실험과 관련된 연구를 담당하기 위해 생산업체 의 연구실 및 개발실에 종사하기도 한다.

- 발전, 변전설비가 대형화되고 초고속·초저속 전기기기의 개발과 에너지 절약형, 저손실 변압기, 전동력 속도제어기, 프로그래머블 콘트럴러 등 신소재 발달로 에너지 절약형 자동화 기기의 개발, 또 내선 설비의 고급화, 초고속 송전, 자연에너지 이용 확대 등 신기술이 급격히 개발되고 있다. 이에 따라 안전하게 전기를 관리할 수 있는 전문인의 수요는 꾸준할 것으로 예상된다. 그리고 「전기사업법」등 여러 법에서 전기의 이용과 설비 시공 등에서 안전관리를 위해 자격증 소지자를 고용하도록 하고 있어 자격증 취득시 취업이 유리한 편이다.

3) 경비(경호)지도사

가) 기본정보

경비지도사는 산업인력공단에서 시행하는 경비지도사 시험에 합격한 후, 행정안전부령으로 정하는 기본교육을 이수하고 자격증을 교부 받은 자를 말한다. 사회다변화 및 범죄의 증가에 효과적으로 대응해 경찰력의 보완적 역할을 하기 위해 발생된 민간경비원을 효율적으로 관리·감독할 수 있는 전문 인력을 양성하기 위해 도입된 자격제도이다.

일반경비지도사와 기계경비지도사로 구분되는데 일반경비지도사는 시설경비업무, 호송경비업무, 신변보호업무, 특수경비업무 등 일반용역경비업에 종사하는 경비원이나 청원경찰 등을 지도·감독 및 교육하는 업무를 담당한다. 기계경비지도사는 컴퓨터나 전자회로를 활용한 방법시스템관련 기계경비업무에 종사하는 경비원을 지도·감독 및 교육하는 업무를 담당한다.

나) 시험정보

(1) 응시자격

응시자격의 제한은 없지만 다음 각 호의 1에 해당하는 자는 경비지도사 또는 일반경비원이 될 수 없다.
① 만 18세 미만인 자, 피성년후견인, 피한정후견인
② 파산선고를 받고 복권되지 아니한 자
③ 금고 이상의 실형의 선고를 받고 그 집행이 종료(집행이 종료된 것으로 보는 경우를 포함한다)되거나 집행이 면제된 날부터 5년이 지나지 아니한 자
④ 금고 이상의 형의 집행유예선고를 받고 그 유예 기간 중에 있는 자
⑤ 다음 각 목의 어느 하나에 해당하는 죄를 범하여 벌금형을 선고받은 날부터 10년이 지나지 아니하거나 금고 이상의 형을 선고받고 그 집행이 종료된(종료된 것으로 보는 경우를 포함한다) 날 또는 집행이 유예·면제된 날부터 10년이 지나지 아니한 자
가. 「형법」 제114조의 죄
나. 「폭력행위 등 처벌에 관한 법률」 제4조의 죄
다. 「형법」 제297조, 제297조의2, 제298조부터 제301조까지, 제301조의2, 제302조, 제303조, 제305조, 제305조의2의 죄
라. 「성폭력범죄의 처벌 등에 관한 특례법」 제3조부터 제11조까지 및 제15조(제3조부터 제9조까지의 미수범만 해당한다)의 죄
마. 「아동·청소년의 성보호에 관한 법률」 제7조 및 제8조의 죄

바. 다목부터 마목까지의 죄로서 다른 법률에 따라 가중 처벌되는 죄

⑥ 다음 각 목의 어느 하나에 해당하는 죄를 범하여 벌금형을 선고받은 날부터 5년이 지나지 아니하거나 금고 이상의 형을 선고받고 그 집행이 유예된 날부터 5년이 지나지 아니한 자

가. 「형법」 제329조부터 제331조까지, 제331조의2 및 제332조부터 제343조까지의 죄

나. 가목의 죄로서 다른 법률에 따라 가중 처벌되는 죄

⑦ 제5호 다목부터 바목까지의 어느 하나에 해당하는 죄를 범하여 치료감호를 선고받고 그 집행이 종료된 날 또는 집행이 면제된 날부터 10년이 지나지 아니한 자 또는 제6호 각 목의 어느 하나에 해당하는 죄를 범하여 치료감호를 선고받고 그 집행이 면제된 날부터 5년이 지나지 아니한 자

⑧ 이 법이나 이 법에 따른 명령을 위반하여 벌금형을 선고받은 날부터 5년이 지나지 아니하거나 금고 이상의 형을 선고받고 그 집행이 유예된 날부터 5년이 지나지 아니한 자

(2) 시험과목 및 배점

구분	과목구분	일반경비지도사	기계경비지도사	문항수/ 시험시간	시험방법
제1차 시험	필수	1.법학개론 2.민간경비론		총80문항 /80분(9:30~10:50)	객관식 4지택일형
제2차 시험	필수	1.경비업무(청원경찰포함)		총80문항 /80분(11:30~12:50)	
	선택 (택1)	1.소방학 2.범죄학 3.경호학	1.기계경비개론 2.기계경비기획및설계		

표 74 경비지도사 시험과목 및 배점

(3) 합격기준

종류	합격자
제1차 시험	매과목 100점을 만점으로 하여, 매과목 40점 이상이고 전과목 평균 60점 이상 득점한 자
제2차 시험	선발예정인원의 범위 안에서 60점 이상을 득점한 자 중에서 고득점 순으로 결정 (동점자로 인해 선발예정인원 초과 시 동점자 모두를 합격자로 결정)

표 75 경비지도사 합격기준

※ 제1차 시험에 불합격한 자는 제2차 시험에 합격하더라도 이를 무효로 한다.

(5) 제1차 시험 면제

1) 전년도 제1차 시험에 합격한 자는 다음해 시험에 한하여 제1차 시험을 면제한다.

2) 다음 각 호의 어느 하나에 해당하는 사람은 제1차 시험을 면제한다.

· 「경찰공무원법」에 의한 경찰공무원으로 7년 이상 재직한 사람

· 「대통령 등의 경호에 관한 법률」에 의한 경호공무원 또는 별정직공무원으로 7년 이상 재직한 사람

· 「군인사법」에 의한 각 군 전투병과 또는 헌병병과 부사관 이상 간부로 7년 이상 재직한 사람

· 「경비업법」에 의한 경비업무에 7년 이상(특수경비업무의 경우에는 3년 이상) 종사하고 행정안전부령이 정하는 교육과정을 이수한 사람

· 「고등교육법」에 의한 대학교 이상의 학교를 졸업한 사람으로서 재학 중 경비업법 시행령 제12조제3항의 규정에 의한 경비지도사 시험과목을 3과목 이상 이수하고 졸업한 후 경비업무에 종사한 경력이 3년 이상인 사람

· 「고등교육법」에 의한 전문대학을 졸업한 사람으로서 재학 중 경비업법 시행령 제12조제3항의 규정에 의한 경비지도사 시험과목을 3과목 이상 이수하고 졸업한 후 경비업무에 종사한 경력이 5년 이상인 사람

· 일반경비지도사 자격을 취득한 후 기계경비지도사 시험에 응시하는 사람 또는 기계경비지도사 자격을 취득한 후 일반경비지도사 시험에 응시하는 사람

· 「공무원임용령」에 따른 행정직군 교정직렬 공무원으로 7년 이상 재직한 사람

다) 진로 및 전망

경비업체에서 경비지도사로 역할을 수행할 수 있고, 경비업체에서 자격증으로 인하여 상위직급으로 승진할 기회가 높아짐, 앞으로 경비업에 대한 역할의 증가가 예상되므로, 그에 따라 경비지도사의 역할도 증대될 것으로 전망된다.

차. 환경·반려동물

1) 환경측정분석사(국가공인자격)

가) 기본정보

환경측정분석사 검정제도는「환경 분야 시험 、검사 등에 관한 법률」제 19조 및「'환경시험·검사발전 기본계획」등에 따라 환경측정분석 분야의 전문 인력을 양성하는 것을 목적으로 한다. 이는 환경오염물질이 점점 더 다양해지고 측정분석 결과가 환경정책수립 및 사업장에 대한 행정처분의 근거자료로 사용되는 등 그 중요성이 날로 증대되고 있어 자격검정제도를 통해 숙련된 분석능력을 갖춘 인력 배출이 필요하기 때문이다. 환경측정분석사 제도 이외에 환경분야와 관련된 환경기술자격제도는 매체별 환경관리중심으로 운영되고 있고 검정방법도 필답형 위주로써, 실기검정에 중점을 두고 있는 환경측정분석사 검정제도는 환경시험*검사 분야의 새로운 전기를 마련하는데 큰 기여를 하게 될 것이다.

나) 시험정보

(1) 응시자격

1. 해당 자격종목 분야 기사 또는 화학분석기사의 자격을 취득한 자
2. 해당 자격종목 분야 산업기사의 자격을 취득한 후 환경측정분석 분야에서 1년 이상 실무에 종사한 자
3. 환경기능사 및 화학분석기능사의 자격을 취득한 후 환경측정분석 분야에서 3년 이상 실무에 종사한 자
4. 환경 분야(대기, 수질, 토양, 폐기물, 먹는 물, 실내공기질, 악취 또는 유해화학물질 분야를 말한다)의 석사 이상의 학위를 소지한 자
5.「고등교육법」제2조 각 호의 학교(같은 조 제4호의 전문대학은 제외한다)를 졸업한 사람(법령에서 이와 같은 수준 이상의 학력이 있다고 인정한 사람을 포함한다)이 졸업 후 환경측정분석 분야에서 1년 이상 실무에 종사한 경우
6. 다음 각 목에 해당하는 사람이 졸업(나목의 경우에는 전 과정의 2분의 1 이상을 마친 경우를 말한다) 후 환경측정분석 분야에서 3년(「고등교육법」제48조제1항에 따른 수업연한이 3년인 전문대학을 졸업한 사람의 경우에는 2년을 말한다) 이상 실무에 종사한 경우

가.「고등교육법」제2조제4호의 전문대학을 졸업한 자(법령에서 이와 같은 수준 이상의 학력이 있다고 인정한 사람을 포함한다)

나.「고등교육법」제2조 각 호의 학교(같은 조 제4호의 전문대학은 제외한다)에 입학

하여 졸업을 하지는 않았으나 전 과정의 2분의 1 이상을 마친 자
7. 「초ㆍ중등교육법」 제2조제3호의 고등학교 또는 고등기술학교를 졸업한 사람(법령에서 이와 같은 수준 이상의 학력이 있다고 인정한 사람을 포함한다)이 졸업 후 환경측정분석 분야에서 5년 이상 실무에 종사한 경우

(2) 검정분야 및 검정방법

검정분야는 대기환경 측정분석과, 수질환경 측정분석이 있다. 검정방법은 1차 필기시험(객관식·주관식)과 2차 실기시험(작업형, 구술형)으로 구성되어 있다. 검정과목은 다음과 같다.

검정분야	검정방법	검정과목
대기환경측정분석	필기시험	대기분야 환경오염공정시험기준(대기오염, 실내공기질, 악취), 정도관리
	실기시험	일반항목분석, 중금속분석, 유기물질분석
수질환경측정분석	필기시험	수질분야 환경오염공정시험기준(수질, 먹는 물), 정도관리
	실기시험	일반항목분석, 중금속분석, 유기물질분석

표 76 환경측정분석사 검정과목

※「환경 분야시험·검사 등에 관한 법률」 시행령 제 15조의 제 6항에 따라 시험·검사기관에 대한 현장평가에 20회 이상 참여한 응시자는 1차 시험 과목 중 정도관리 과목 면제

2) 신재생에너지발전설비기사

가) 기본정보

신재생에너지발전설비기사(태양광)는 태양광, 풍력, 수력, 연료전지의 신재생에너지 발전설비 시스템에 대한 공학적 기술이론 지식을 가지고 독립적인 신재생에너지 발전소 및 건축물과 시설 등을 기획, 설계, 시공, 운영, 유지 및 보수하는 직무이다,

신재생에너지 발전설비기사의 수행직무는 신재생에너지 발전소나 모든 건물 및 시설의 신재생에너지발전시스템 인허가, 신재생에너지발전설비 시공 및 감독, 신재생에너지 발전시스템의 시공, 신재생에너지발전설비의 효율적 운영을 위한 유지보수 업무증을 수행한다.

구분	분야
신에너지	신에너지란 기존의 화석연료를 변환시켜 이용하거나 수소 · 산소 등의 화학 반응을 통하여 전기 또는 열을 이용하는 에너지로서 다음 각 목의 어느 하나에 해당하는 것을 말한다. ① 수소에너지, ② 연료전지, ③석탄액화가스화한 에너지 및 중질잔사유(重質殘渣油)가스화한 에너지(3개 분야
재생 에너지	재생에너지란 햇빛 · 물 · 지열(地熱) · 강수(降水) · 생물유기체 등을 포함하는 재생 가능한 에너지를 변환시켜 이용하는 에너지로서 다음의 어느 하나에 해당하는 것을 말한다. ① 태양에너지 ② 풍력 ③ 수력 ④ 해양에너지 ⑤ 지열에너지 ⑥ 생물자원을 변환시켜 이용하는 바이오에너지로서 대통령령으로 정하는 기준 및 범위에 해당하는 에너지 ⑦ 폐기물에너지로서 대통령령으로 정하는 기준 및 범위에 해당하는 에너지 ⑧ 그 밖에 석유 · 석탄 · 원자력 또는 천연가스가 아닌 에너지로서 대통령령으로 정하는 에너지

표 77 신재생에너지 분야

나) 시험정보

(1) 응시자격

응시자격에는 다음과 같은 제한이 있다.

기술자격 소지자	관련학과 졸업자	순수경력자
· 동일(유사)분야 기사 · 산업기사 + 1년 · 기능사 + 3년 · 동일종목의 외국자격 취득자	· 대졸(졸업예정자) · 3년제 전문대졸 + 1년 · 2년제 전문대졸 + 2년 · 기사수준의 훈련과정 이수자 · 산업기사수준 훈련과정 이수 + 2년	4년 (동일, 유사 분야)

표 78 신재생에너지발전설비기사 응시자격

(2) 시험과목 및 검정방법

구분	시험과목	시험방법	시험시간
1차 필기시험	1. 태양광 발전 시스템 기획 2. 태양광 발전 시스템 설계 3. 태양광 발전 시스템 시공 4. 태양광 발전 시스템 운영 5. 신재생 에너지 관련 법규	객관식 4지 택일형 (과목당 20문항)	2시간 30분
2차 실기시험	태양광 발전설비 실무	필답형	2시간 정도

표 79 신재생에너지발전설비기사 시험과목 및 검정방법

(3) 합격기준

- 필기 : 100점을 만점으로 하여 과목당 40점 이상, 전 과목 평균 60점 이상
- 실기 : 100점을 만점으로 하여 60점 이상

(4) 검정현황

연도	필기			실기		
	응시	합격	합격률(%)	응시	합격	합격률(%)
2020	2,641	1,311	49.6%	3,263	261	8%
2019	4,430	2,495	56.3%	3,641	1,361	37.4%
2018	4,803	2,483	51.7%	3,582	1,943	54.2%
2017	3,522	2,231	63.3%	3,397	1,309	38.5%
2016	1,904	1,111	58.4%	1,915	225	11.7%
2015	1,838	1,027	55.9%	2,241	466	20.8%

표 80 신재생에너지발전설비기사 검정현황

다) 진로 및 전망

국내외 신재생에너지 관련시장의 급속한 성장과 신재생에너지 발전 사업이 국내 및 세계 시장에서의 경쟁력 확보를 위한 전문가 육성의 필요성이 대두되어 태양광발전 및 관련분야의 취업을 위한 첫 단계이다.

3) 반려(애완)동물관리사(민간자격)

가) 기본정보

우리나라 애완동물 산업의 규모가 한해 2조원의 규모일 정도로 성장하고 있다. 애완동물이라 함은 사전적 의미로는 사람이 사귀어서 만족을 얻기 위해 기르는 동물로서, 최근에는 사람과 더불어 살아가며 사랑을 주고받는 가족이라는 의미에서 반려동물이라고도 한다. 최근에는 모 방송국의 tv동물농장에 대한 관심이 높아지면서 개인당 소득이 증가하면서 반려동물에 대한 대중적인 관심을 받으면서 반려동물을 위한 개별 사업체와 복합코너를 개설하고 애완동물을 위한 보험상품이 등장하기도 하면서 죽은 반려동물을 위해서는 애견 장례업과 애견 납골당까지 생기고 있다.

반려동물관리사는 반려동물 총론과 행정을 통해 각종 법규에 대한 이해를 바탕으로 한 실무대응, 고객응대, 및 서비스 부분 학습을 통한 고객 만족 경영, 애견미용기초, 애견훈련기초, 브리더 윤리 및 야견 번식이 가능하여 종합적인 반려동물 전문 직업인으로 성장할 수 있다.

나) 시험정보

(1) 응시자격

학력, 경력제한이 없다.

(2) 시험내용 및 합격기준

구분	시험과목	합격기준
1차 필기시험	1. 반려동물총론 (20문항) 2. 브리더입문 (20문항) 3. 펫 매니저 (20문항) 4. 펫 시터 (20문항) 5. 반려동물 장례학 및 행정 (20문항)	과목당 100점 만점에 40점 이상 전 과목 평균 60점 이상
2차 실무시험	반려동물에 관한실무	직무교육으로 대체 가능

표 81 반려동물관리사 시험과목 및 합격기준

총점의 5%가산인 자	- 전문학사 이상의 반려동물 관련학과 졸업 및 졸업 예정인자. - 반려동물 관련업 3년 이상 근무 경력자. - 국내·국외의 반려동물(도그 쇼 등 기타) 관련 공식대회 우승자. - 국가 유공자 및 직계가족인 자.
총점의 3%가산인 자	- 반려동물 관련업 1년 이상 근무 경력자. - 국내·국외의 반려동물(도그 쇼 등 기타) 관련 공식대회 수상자

표 82 반려동물관리사 가산점 부여

※ 부여가산점은 전체 총점평균에 부여되며, 과락과목이 있는 경우 과락과목에 부여되지는 않음. 따라서, 가산점을 부여한 총점 평균이 60점을 넘더라도 과락 과목이 있을 경우 불합격으로 처리됨.

다) 전망

애견센터의 창업 및 취업, 동물병원, 애견훈련소, 애견스포츠 조련사(아질리티, 플라이볼, 프리스비), 애견미용, 애견번식·매매장(브리드), 애견이용 심리치료, 펫 전문 백화점, 애견호텔, 애견시터(펫시터), 애견놀이방, 애견카페, 애견장례업, 애견잡지사, 애견프로덕션, 애견전용포토(사진관), 핸들러, 애견패션 및 용품제조 산업체, 동물원, 군견훈련소(군입대), 사료회사 등 기타 애견관련 산업분야에 취업 또는 창업이 가능하다.

4) 온실가스관리기사(국가자격)

가) 기본정보

온실가스관리기사는 기후변화와 에너지 위기에 대응하기 위해 온실가스 감축정책이 요구되고 있으며 온실가스 감축정책의 원활한 시행을 위해 기후 변화에 대한 전문지식을 보유한 인력 양성을 위한 자격을 제정하였다.

주요 업무는 조직의 기후변화 대응 및 온실가스 감축을 위하여 관련 법규 및 지침에 따라 온실가스 배출량의 산정과 보고 업무를 수행하고, 온실가스 감축활동을 기획, 수행, 관리하는 업무를 담당한다.

나) 시험정보

(1) 응시자격

기술자격 소지자	관련학과 졸업자	순수 경력자
·동일(유사)분야 기사 ·산업기사 + 1년 ·기능사 + 3년 ·동일종목외 외국자격취득자	·대졸(졸업예정자) ·3년제 전문대졸 + 1년 ·2년제 전문대졸 + 2년 ·기사수준의 훈련과정 이수자 ·산업기사수준 훈련과정 이수 + 2년	4년 (동일, 유사 분야)

표 83 온실가스관리기사 응시자격

(2) 시험과목 및 시험시간

구분	시험과목	검정방법 및 시험시간
필기시험	①기후변화개론 ②온실가스 배출의 이해 ③온실가스 산정과 데이터 품질관리 ④온실가스 감축관리 ⑤온실가스 관련 법규	객관식 4지 택일형 과목당 20문항(150분)
실기시험	온실가스관리 실무	필답형(3시간)

표 84 온실가스관리기사 시험과목 및 시험시간

(3) 합격기준

① 필기 : 100점을 만점으로 하여 과목당 40점 이상, 전 과목 평균 60점 이상
② 실기 : 100점을 만점으로 하여 60점 이상

(4) 진로 및 전망

경제발전에 환경오염원의 발생은 불가피하므로 환경산업의 범위는 점점 넓어질 것이며 환경산업을 비롯한 대부분의 사업이 저탄소 배출 등 환경 친화적 패러다임을 표방하고 있어 친환경산업의 타당성, 인프라 구축, 제도 등의 검토에 환경공학기술자의 역할이 더욱 커지고 있으면서 온실가스 관리에 있어 인력수요가 증가할 것이다.

카. 농업·수산업 분야

1) 유기농업기사(국가기술)

가) 기본정보

최근 환경오염과 함께 유기농업의 중요성 및 수요는 증대되고, 과거 저부가가치의 농작물에서 고부가가치가 가능한 농작물로 전환할 필요성이 대두되고 이러한 고부가가치 작물생산의 한 방법으로 최근 유기농업에 대한 관심 및 수요가 증가되는 추세에 있다.

유기농업이란 화학비료, 유기합성농약(농약, 생장조절제, 제초제 등), 가축사료첨가제 등 일체의 합성화학물질을 사용하지 않고 유기물과 자연광석 미생물 등 자연적인 자재만을 사용하는 농법을 말한다. 이러한 유기농업은 단순한 자연보호 및 농가소득증대라는 소극적 중요성을 떠나 WTO에 대응하여 자국농업을 보호하는 수단이 되며, 아울러 국민의 보건복지증진이라는 의미에서도 매우 중요하다. 이러한 유기농업의 중요성에도 불구하고, 전문 유기농업인력을 육성·공급할 수 있는 자격 신설이 필요하게 되었다.

유기농업기사의 수행 직무는 유기농업의 전반에 관한 깊은 이해와 지식 및 기술을 기반으로 입지선정, 작목선정, 경영여건 분석, 환경 분석 등을 기획하고, 윤작체계 및 자재의 선정, 토양비옥도 및 병해충 방지, 사료 확보 등 생산관리업무와 유기농산물 원료의 가공, 포장, 유통 및 사후관리 등의 품질인증과 기술 지도를 수행한다.

나) 시험정보

(1) 응시자격

기술자격소지자	관련학과 졸업자	순수경력자
·동일(유사)분야 기사 ·산업기사 + 1년 ·기능사 + 3년 ·동일종목외 외국자격취득자	·대졸(졸업예정자) ·3년제 전문대졸 + 1년 ·2년제 전문대졸 + 2년 ·기사수준의 훈련과정 이수자 ·산업기사수준 훈련과정 이수 + 2년	·4년 (동일, 유사분야)

표 85 유기농업기사 응시자격

※ 비관련학과 관련 응시자격 → 2013.1.1부터 폐지

※ 관련학과 : 4년제 대학교 이상의 학교에 개설되어 있는 농학과, 식물자원학과, 농업생명과학대학, 농화학과, 생물자원학과 등

※ 동일직무분야 : 경영·회계·사무 중 생산관리, 건설, 광업자원, 안전관리, 환경·에너지 중 환경

(2) 시험과목 및 검정방법

구분	시험과목	검정방법
필기시험	① 재배원론 ② 토양비옥도 및 관리 ③ 유기농업개론 ④ 유기식품 가공, 유통론 ⑤ 유기농업 관련규정	객관식 4지 택일형, 과목당 20문항 (과목당 30분)
실기시험	유기농업생산, 품질인증, 기술지도 관련업무	필답형(2시간 30분)

표 86 유기농업기사 시험과목 및 검정방법

(3) 합격기준

① 필기 : 100점을 만점으로 하여 과목당 40점 이상, 전 과목 평균 60점 이상

② 실기 : 100점을 만점으로 하여 60점 이상

(4) 검정현황

연도	필기			실기		
	응시	합격	합격률(%)	응시	합격	합격률(%)
2020	1,003	574	57.2%	1,006	336	33.4%
2019	1,172	543	46.3%	963	254	26.4%
2018	1,206	454	37.6%	872	213	24.4%
2017	1,293	529	40.9%	974	83	8.5%
2016	1,423	556	39.1%	905	370	40.9%

표 87 유기농업기사 검정현황

다) 진로 및 전망

-유기농업 관련 단체, 유기농업 가공 회사, 유기농산물 유통회사

- 시·도·군 지자체의 환경농업 담당공무원, 유기농업 및 유기식품 연구기관의 연구원

- 국제유기식품 품질인증기관의 인증책임자 및 조사원(Inspector) - 소비자단체, 환경보호단체, 사회단체 등 NGO의 직원"

2) 농산물품질관리사(국가기술)

가) 기본정보

농산물품질관리사란 농산물 원산지 표시 위반 행위가 매년 급증함에 따라 소비자와 생산자의 피해를 최소화하며 원산지 표시의 신뢰성을 확보함으로써 농산물의 생산자 및 소비자를 보호하고 농산물의 유통질서를 확립하기 위하여 도입되었다.

농산물품질관리사 직무수행은 농산물의 등급을 판정하고 농산물의 출하시기를 조정하면서 품질관리기술 등에 대한 자문을 하며, 그밖에 농산물의 품질향상 및 유통효율화에 관하여 필요한 업무로서 농림수산식품부령이 정하는 업무를 수행한다.

2004년에서 2007년(제1회 ~ 제4회)는 국립농산물품질관리원에서 시행하였으며 2008년 제5회 자격시험부터 한국 산업인력공단에서 시행하고 있다. 소관 부처는 농림 축산 식품부(식생활소비정책과)이다.

나) 시험정보

(1) 응시자격

응시자격에는 제한이 없다.
※단, 농산물품관리사의 자격이 취소된 자로 그 취소된 날부터 2년이 경과되지 아니한 자는 시험에 응시할 수 없다.

(2) 시험시간 및 시험과목

시험일	시험시간	시험과목	문항수	시험방법
제1차 시험	09:30 ~11:30 (120분)	① 농산물품질관리법령 및 농수산물유통 및 가격안정에 관한 법률 ② 원예작물학 ③ 수확 후의 품질관리론	과목 당 25문항 (총 100문항)	객 관 식 4지선택형
제2차 시험	09:30 ~11:10 (100분)	① 농산물품질관리 실무 ② 농산물등급판정 실무	단답형 10문항 서술형 10문항	필 답 형 (단답형 및 서술형)

표 88 농산물품질관리사 시험과목 및 방법

(3) 합격기준

구분	합격결정기준
1차 시험	매 과목 100점을 만점으로 하여 매 과목 40점 이상, 전 과목 평균 60점 이상 득점한 자
2차 시험	100점 만점에 60점 이상인 자

표 89 농산물품질관리사 합격기준

※면제 대상자
전년도 1차 시험에 합격하고 제2차 시험에 미응시하거나 불합격한 자에 한하여 당해 제1차 시험을 면제함.

다) 활용정보

농산물품질관리사는 농산물을 취급하는 대형 유통업체, 공공기관, 지역농협, 농산물품질관리원 등에 취업할 수 있다. 농산물을 취급하는 공공기관과 농협에 취업할 경우 인사 고과, 수당, 승진 등의 혜택을 받을 수 있으며 농업직 9급 국가공무원 채용 시 3%의 가산점을 받을 수 있다.

3) 수산물품질관리사(국가기술)

가) 기본정보

수산물품질관리사란 농수산물품품질관리법에 따라 만들어진 국가전문자격 시험으로, 한국산업인력공단에서 시행하는 수산물품질관리사 시험을 말한다. 수산품품질관리사 자격을 취득하기 위해서는 먼저 한국산업인력공단에서 시행하는 수산물품질관리사 시험에 합격한 후 국립수산물품질관리원에서 발급하는 수산물품질관리사 자격증을 취득하여야 한다.

이러한 제도를 만든 목적은 수산물의 적절한 품질관리를 통해 안정성을 확보하고, 상품성을 향상하며 공정하고, 투명한 거래를 유도하기 위한 전문 인력을 확보하기 위해서이다.

주요 업무는 수산물의 등급판정, 수산물 생산 및 수확 후 품질관리 기술지도, 수산물의 선별 저장 및 포장시설 등의 운영관리 등을 한다.

나) 시험정보

(1) 응시자격

응시자격에는 제한이 없다. 학력, 성별, 나이 등의 응시자격 제한이 없다(농수산물품질관리법시행령 제40조의 4)
※단, 수산물품관리사의 자격이 취소된 날부터 2년이 경과되지 아니한 자는 시험에 응시할 수 없다.[농수산물품관리법 제107조]

(2) 시험과목 및 방법

구분	시험과목	문항수	시험시간	시험방법
제 1차 시험	1. 수산물품질관리 관련법령 2. 수산물유통론 3. 수확 후 품질관리론 4. 수산일반	100문항 (과목별 25문항)	120분	객 관 식 4지 선택형
제 2차 시험	1. 수산물품질관리실무 2. 수산물등급판정실무	30문항	100분	단답형, 서술형

표 90 수산물품질관리 시험과목 및 방법

(3) 합격기준

구분	합격결정기준
1차 시험	매 과목 100점을 만점으로 하여 매 과목 40점 이상, 전 과목 평균 60점 이상 득점한자
2차 시험	제 1차 시험에 합격한 사람을 대상으로 100점 만점으로 하여 60점 이상인 사람을 합격자로 결정

표 91 수산물품질관리 합격기준

(4) 통계자료

구분		2018	2019	2020
1차	대상	2,722	1,633	996
	응시	1,264	873	734
	응시률(%)	46.44%	53.46%	73.69%
	합격	458	311	352
	합격률(%)	36.23%	35.62%	47.96%
2차	대상	661	420	411
	응시	564	346	351
	응시률(%)	82.6%	82.38%	85.4%
	합격	134	67	48
	합격률(%)	24.54%	19.36%	13.68%

표 92 수산물품질관리 통계자료

타. 기타

1) 개인정보관리사(민간자격)

가) 기본정보

개인정보관리사란 개인정보보호 정책 및 대처방법론에 대한 지식 및 능력을 갖춘 인력 또는 향후 기업 또는 기관의 개인정보 관리를 희망하는 자로서, 개인정보보호와 관련된 보안정책의 수립, 기업/기관과 개인정보보호의 이해, 개인정보 취급자 관리업무 능력, 관련법규에 대한 지식 및 적용을 보유한 자를 말한다.

나) 시험정보

(1) 응시자격 및 합격기준

응시자격에는 제한이 없다. 합격기준은 매 과목당 40%이상이어야 하며, 총점은 60% 이상이어야 한다.

(2) 과목당 배점

구분	시험과목	문항	배점	출제형태	시험시간
CPPG	개인정보보호의 이해	10	10	객관식 5지 선다	120분
	개인정보보호 제도	20	20		
	개인정보 라이프사이클 제도	25	25		
	개인정보의 보호조치	30	30		
	개인정보 관리체계	15	15		

표 93 개인정보관리사 과목당 배점

(3) 출제기준

대단원(배점비율)	중단원
개인정보보호의 이해 (10%)	1. 개인정보의 개요 2. 개인정보보호의 중요성 3. 기업의 사회적 책임
개인정보보호 제도 (20%)	1. 개인정보보호 관련 법률 체계 2. 개인정보보호 원칙과 의무 3. 정보주체의 권리 4. 분쟁해결절차
개인정보 라이프사이클 관리 (25%)	1. 개인정보 수집, 이용 2. 개인정보 저장, 관리 3. 개인정보 제공
개인정보의 보호조치 (30%)	1. 개요 2. 개인정보의 기술적·관리적 보호조치 기준
개인정보 관리체계 (15%)	1. 개인정보 관리체계 개요 2. 주요 개인정보 관리체계

표 94 개인정보관리사 출제기준

(4) 활용현황

2021년도 활용현황을 살펴보면 다음과 같다.

No	단체명	제목
1	**더블유쇼핑**	[채용] 개인정보보호 분야 CPPG 우대
2	**한국거래소시스템즈**	[채용] 개인정보보호 분야 CPPG 우대
3	**섹타나인**	[채용] 개인정보보호 분야 CPPG 우대
4	**안진회계법인**	[채용] 리스크자문본부 정보보안 전략 컨설팅 경력직 CPPG 우대
5	**흥국생명보험**	[채용] 정보보호팀 CPPG 우대
6	**유비소시어스**	[채용] 정보보안 분야 CPPG 우대
7	**핀커스코리아**	[채용] IT 보안 담당 CPPG 우대
8	**미디어윌**	[채용] 정보보호 및 개인정보보호 분야 CPPG 우대
9	**에스케이디앤디**	[채용] 정보보안 분야 CPPG 우대
10	**한국뇌연구원**	[채용] 정보기술 개발 및 운영관리 분야 CPPG 우대

표 95 개인정보관리사 활용현황

2) SW 코딩자격(민간자격)

가) 기본정보

코딩은 디지털 시대의 미래 인재 핵심 역량인 컴퓨팅 사고력을 평가하기 위한 자격이므로 교육부와 과학기술정보통신부의 SW교육 운영 기조에 부합하는 과정으로 구성되었으며, 국제 IT 자격기관인 ECDL Foundation과 공동개발하여 국제 평가 표준을 반영한다.

코딩의 자격특징은 첫 번째, 전문 자격기관인 한국생산성본부에서 시행하는 자격이므로 공정성, 객관성, 신뢰성을 갖춘 자격시험이다. 두 번째는 컴퓨팅 사고력 기반 문제해결능력을 평가하기 위한 자격증이므로 단순* 반복식 코딩 기술 평가를 지양하며, 상황기반의 창의적인 문제해결력을 평가한다. 세 번째는 취득을 위한 자격이 아닌, 활용을 위한 자격이므로 학습과정을 통해 학습자가 4차 산업혁명가의 시대 선도적 역량을 키울 수 있도록 하기위한 자격이다.

나) 시험정보

(1) 응시자격

응시자격에는 제한이 없다.

(2) 시험과목

자격종목	등급	문항 및 시험방법	시간	S/W Version
SW 코딩자격	1급	컴퓨팅적 사고력과 알고리즘 정보윤리와 정보보안 실생활과 IOT IOT 코딩	60분	① Entry Offline v1.3.5 ② Scratch 2.0 Offline Editor ①②중 택1
	2급	컴퓨팅적 사고력과 문제해결 알고리즘 설계 프로그래밍 언어 이해와 프로그래밍 피지컬 컴퓨팅 이해	45분	
	3급	문제해결과 알고리즘 설계 기본 프로그래밍	45분	

표 96 SW 코딩 시험과목

(3) 합격결정기준

100점 만점에 70점 이상인 자

(4) 급수별 출제범위

(가) 1급

세부항목	성취 기준 및 주요 출제 요소	배점
컴퓨팅사고력의 이해와 생활속 문제 해결	-컴퓨팅 사고력의 구성 요소를 이해하고 활용할 수 있다. -문제 해결방법을 탐색할 수 있다. -다양한 문제해결 방법을 찾아 적합한 방법을 선택할 수 있다. -문제를 분해하고 추상화 할 수 있다. -데이터를 수집, 변환, 분류 할 수 있다. -데이터를 분석하여 정보를 추출할 수 있다.	30점
복합적 구조의 알고리즘 설계	-알고리즘을 분석할 수 있다. -알고리즘의 제어 구조를 이해할 수 있다. -알고리즘의 제어 구조를 복합적으로 표현할 수 있다.	

표 97 1급 과목 1 출제범위(컴퓨팅적 사고력과 알고리즘)

세부항목	성취 기준	배점
정보윤리	-정보 윤리의 개념과 중요성을 설명할 수 있다. -정보 통신 윤리 행동양식을 이해하고 있다. -정보 사회의 순기능과 역기능을 이해할 수 있다. -정보 사회의 역기능에 대한 대처방법을 설명할 수 있다.	20점
정보보안	-정보 보안의 개념과 중요성을 설명할 수 있다. -정보 보안을 생활 속에서 실천할 수 있다. -IoT 보안 개요와 위험 요소를 이해할 수 있다.	

표 98 1급 과목 2 출제범위(정보 윤리와 정보 보안)

세부항목	성취 기준	배점
IOT 개념	-IOT의 개념과 구성요소를 이해할 수 있다. -IOT와 융합기술을 이해할수 있다.	30점
IoT와 빅데이터	-빅데이터 개념과 특징을 설명할 수 있다. -빅데이터와 관련된 용어들을 설명 할 수 있다. -빅데이터 기술의 중요성을 이해할 수 있다. -빅데이터 분석 및 활용을 할 수 있다.	
IoT활용 사례	-생활에서 IoT가 어떻게 활용되는지 이해할 수 있다. -IoT 플랫폼의 종류, 센서 등을 분류할 수 있다.	

표 99 1급 과목 3 출제범위(실생활과 IOT)

세부항목	성취 기준	배점
프로그래밍 언어 이해	-프로그램의 시작과 끝을 알 수 있다. -프로그래밍 언어의 실행절차를 설명할 수 있다. -조건문과 반복문을 이해하고 사용할 수 있다. -변수와 연산자를 이해하고 사용할 수 있다.	20점
프로그래밍 설계	-문제 조건과 요구를 이해할 수 있다. -효율적인 프로그램 설계를 할 수 있다. -효율적인 디자인 설계를 할 수 있다. -복합구조를 이해하고 아이디어를 프로그래밍으로 실현시킬 수 있다.	
블록 프로그래밍	-순차, 반복구조를 주어진 상황에 맞게 사용할 수 있다. -다중 선택, 다중 반복구조를 사용하여 프로그램을 작성할 수 있다. -다양한 조건을 고려하여 다른 동작을 하는 프로그램을 만들 수 있다. -변수와 상수를 이해하고, 이를 이용하여 입출력 프로그램을 작성할 수 있다. -좌표를 이해하고, 활용하여 프로그램을 작성할 수 있다. -신호와 복제의 차이를 알고 프로그램을 작성할 수 있다. -장면연결을 통해 두개 이상의 장면을 구성할 수 있다. -함수를 사용하여 프로그램을 작성할 수 있다. -리스트를 사용하여 프로그램을 작성할 수 있다.	

표 100 1급 과목 4 출제범위(IOT 코딩)

(나) 2급

세부항목	성취 기준 및 주요 출제 요소	배점
컴퓨팅사고력의 이해와 적용	-자료와 정보의 개념을 이해하고 표현할 수 있다. -정보의 유형을 구분하고 활용할 수 있다. -다양한 유형의 정보를 디지털로 표현할 수 있다. -컴퓨팅사고력의 구성 요소를 이해하고 활용할 수 있다.	20점
	-주어진 문제를 이해하고 분석할 수 있다. -다양한 방법으로 자료를 정리하여 표현할 수 있다. -선형 구조, 비선형 구조의 개념을 이해하고 구조화 할 수 있다.	
컴퓨팅사고력을 통한 생활속 문제해결	-주어진 문제를 단순화 시킬 수 있다. -추상화를 이해하고 적용할 수 있다. -반복되는 일정한 경향 및 규칙을 탐색하여 패턴을 찾아 공식화 할 수 있다. -문제를 해결하기 위한 방법을 순서에 따라 설명할 수 있다. -다양한 문제해결 방법을 찾아 적합한 방법을 선택할 수 있다. -문제해결 방법의 문제점과 개선방법에 대해 설명할 수 있다.	

표 101 2급 과목 1 출제범위(컴퓨팅적 사고력과 문제해결)

세부항목	성취 기준	배점
문제 해결을 위한 알고리즘 작성	-알고리즘을 이해할 수 있다. -알고리즘을 설계할 수 있다. -알고리즘을 표현할 수 있다. -알고리즘의 오류를 찾아 수정 할 수 있다.	10점
복합적 구조의 알고리즘설계	-알고리즘을 분석할 수 있다. -알고리즘의 제어 구조를 이해할 수 있다. -알고리즘의 제어 구조를 복합적으로 표현할 수 있다.	

표 102 2급 과목 2 출제범위(알고리즘 설계)

세부항목	성취 기준	배점
프로그래밍 언어 이해	프로그램의 시작과 끝을 알 수 있다. 프로그래밍 언어의 실행절차를 설명할 수 있다. 조건문과 반복문을 이해하고 사용할 수 있다. 변수와 연산자를 이해하고 사용할 수 있다.	50점
프로그래밍 설계	문제 조건과 요구를 이해할 수 있다. 효율적인 프로그램 설계를 할 수 있다. 프로그램 오류를 확인하여 수정할 수 있다. 복합구조를 이해하고 프로그래밍할 수 있다.	
블록 프로그래밍	-화면 구성과 주요 용어를 알 수 있다. -순차, 반복구조를 주어진 상황에 맞게 사용할 수 있다. -다중 선택, 다중 반복구조를 사용하여 프로그램을 작성할 수 있다. -다양한 조건을 고려하여 다른 동작을 하는 프로그램을 만들 수 있다. -변수와 상수를 이해하고, 이를 이용하여 입출력 프로그램을 작성할 수 있다. -좌표를 이해하고, 활용하여 프로그램을 작성할 수 있다. -신호와 복제의 차이를 알고 프로그램을 작성할 수 있다. -장면연결을 통해 두개 이상의 장면을 구성할 수 있다. -함수를 사용하여 프로그램을 작성할 수 있다. -리스트를 사용하여 프로그램을 작성할 수 있다.	

표 103 2급 과목 3 출제범위(프로그래밍 언어 이해와 프로그래밍)

세부항목	성취 기준 및 주요 출제 요소	배점
융합 활동과 피지컬 컴퓨팅	-피지컬 컴퓨팅을 이해할 수 있다. -실생활의 문제를 논리적 모델링을 할 수 있다. -센서와 로봇을 이용하여 물리적 모델링을 할 수 있다. -모델링을 기반으로 시뮬레이션할 수 있다.	20점
SW를 이용한 HW작동원리 이해	-컴퓨터의 구성 요소와 동작 원리를 설명할 수 있다. -각 센서별 특징을 이해할 수 있다. -센서별 블록을 이해할 수 있다. -센서를 기반으로 HW의 상황을 인지할 수 있다. -블록 결합 결과로 HW의 동작 결과를 예측할 수 있다. -센싱된 데이터를 기반으로 HW의 움직임을 제어할 수 있다.	

표 104 2급 과목 4 출제범위(피지컬 컴퓨팅 이해)

(다) 3급

세부항목	성취 기준 및 주요 출제 요소	배점
컴퓨팅사고력의 필요성	성취 기준 -생활 속에서 소프트웨어가 사용된다는 것을 예를 들어 설명 할 수 있다. -창의.융합시대에서 컴퓨팅 사고가 무엇인지 설명할 수 있다.	30점
	주요 출제 요소 -소프트웨어의 개념, 소프트웨어의 종류, 컴퓨팅 사고력의 개념과 필요성, 컴퓨터 사고력의 구성요소 -사고력의 구성요소, 절차적 문제해결의 의미와 중요성	
문제해결과정 이해와 적용	성취 기준 -상황 속에서 문제를 정확하게 표현할 수 있다. -다양한 문제해결방법을 찾아낼 수 있다.	
	주요 출제 요소 -문제 표현, 문제 분해, 자료 수집, 문제 해결 방법 탐색, 문제 해결 방법 비교와 선택 -문제 해결 방법 개선, 문제해결 방법 단순화	
기본구조의 알고리즘설계	성취 기준 -실생활의 사례와 연계하여 알고리즘이 무엇인지 그 의미와 중요성을 알 수 있다. -알고리즘이 갖추어야 할 조건을 이해하고 다양한 알고리즘을 작성할 수 있다. -일상생활의 문제해결을 위해 알고리즘을 설계할 수 있다.	20점
	주요 출제 요소 -알고리즘 개념과 중요성, 컴퓨터의 기능과 알고리즘의 관계, 순서도 작성 -알고리즘 장점과 단점 비교	

표 105 3급 과목 1 출제범위(문제해결과 알고리즘 설계)

<table>
<tr><th>세부항목</th><th>성취 기준 및 주요 출제 요소</th><th>배점</th></tr>
<tr><td>프로그래밍 언어 이해</td><td>성취 기준
-프로그래밍 언어의 개념과 종류를 설명할 수 있다.
-프로그래밍 언어의 기본요소를 알 수 있다.
자료의 입출력문을 작성할 수 있다.</td><td rowspan="3">50점</td></tr>
<tr><td rowspan="2">블록 프로그래밍</td><td>성취 기준
-화면 구성과 주요 용어를 알 수 있다.
-주어진 블록을 순차적으로 사용하여 목표물까지 이동할 수 있다.
-반복되는 명령을 블록으로 만들 수 있다.
-다양한 조건을 고려하여 다른 동작을 하는 프로그램을 만들어 볼 수 있다.
-이벤트의 개념을 이용하여 프로그래밍 할 수 있다.
-변수를 활용하여 프로그래밍 할 수 있다.
-좌표를 활용하여 배경이 계속해서 이어지는 효과를 만들 수 있다.
-함수의 의미를 이해하고 프로그래밍할 수 있다.
-장면연결 등을 통해 두 개 이상의 장면을 구성할 수 있다.
-대화하기를 사용하여 스토리를 창작할 수 있다.</td></tr>
<tr><td>주요 출제 요소
-엔트리(또는 스크래치) 화면 구성, 기본 코드, 순차구조, 반복구조, 선택구조, 변수, 입출력
-이벤트, 신호, 산술연산, 비교연산, 리스트, 무작위수</td></tr>
</table>

표 106 3급 과목 2 출제범위(기본 프로그래밍)

3) 도로교통사고감정사(국가공인)

가) 기본정보

도로교통사고감정사란 교통사고에 대한 정부의 관계기관이나 사고당사자 또는 제3자의 의뢰를 받아 조사 및 분석, 사고 상황에 대한 재현 등을 통하여 교통사고의 원인 및 책임 소재를 규명하고, 교통사고 관련자간의 법률적 분쟁의 해결을 위한 정보를 제공하는 자로 국가공인 도로교통사고감정사 자격시험에 합격한 자를 말하며, 도로교통사고감정사는 직업행렬상 운송사무종사자 중 교통사고조사원에 해당하고, 교통사고 개선요원, 교통정보접수원, 기관차배차원 등의 관련 직업들과는 직무의 내용에서 상당한 차이가 있으며, 오히려 도로교통을 담당하는 경찰관 또는 손해사정인의 직무내용과 부분적으로 유사한 면을 가진다.

직무내용은 도로상에서 발생하는 교통사고의 조사, 교통관련 법규에 대한 이해, 교통사고의 정확한 원인규명 및 과학적 해석, 교통사고 재현, 교통사고에 대한 감정서 작성, 자동차 도로로부터 정보의 수집, 차량별 사고해석, 인체손상해석, 오토바이사고해석, 속도추정, 사고재현 실무분석 등이 있다.

나) 시험정보

(1) 응시자격

응시자격은 만 18세 이상인 자, 자격이 취소된 후 1년이 경과된 자, 도로교통사고감정사 자격시험 부정행위자로 3년이 경과된 자가 응시가능하다.

(2) 검정기준

-교통사고와 관련된 교통법규(도로교통법, 교통사고처리특례법, 특정범죄가중처벌법)에 대한 기본적 이해 수준
-교통사고와 관련된 제반사항(차량, 사람, 도로)에 대한 조사 및 분석 능력
-다양한 형태의 교통사고 재현능력
-차량운동학 등에 대한 기초이론 이해도
-교통사고분석서 작성 능력

(3) 시험방법 및 합격자 결정

시험구분	시험문제형태	시험시간	합격기준
1차 시험(객관식)	4지선다형 100문제 (과목당 25문제)	150분	평균 60점 이상 (과목당 40점 미만 과락)
2차 시험(주관식)	5문제 (3문제 선택 기술)	150분	60점 이상

표 107 도로교통사고감정사 시험방법 및 합격자 결정기준

(4) 시험면제 과목 및 대상자

면제구분	면제과목	면제대상자
1차 시험 전부면제	1차 시험 전 과목	전회 1차 시험 합격자
1차시험 일부면제자	교통관련 법규, 교통사고조사론	-국내·외의 공공 교통안전전문기관 또는 외국의 4년제 대학 부설연구소에서 교통사고조사에 관한 교육과정을 연속된 일련의 교육으로 105시간 이상 이수한 자 -공공기관에서 교통사고조사 실무경력 10년 이상인 자 -시험시간 : 75분

표 108 도로교통사고감정사 면제 과목 및 대상자

(5) 시험과목 및 출제기준

구분	시험과목	출제기준	
		주요항목	세부항목
1차	교통관련 법규	도로교통법	도로교통법의 이해/용어의 정의/사고유형별 적용방법
		교통사고처리 특례법	교통사고처리특례법의 이해/특례 예외단서 10개항의 성격/사고유형별 적용방법
		특정범죄가중 처벌법	특정범죄가중처벌법의 이해/특정범죄가중처벌법의 구성요건
	교통사고 조사론	현장조사	도로의 구조적 특성 이해/사고원인과 관련한 도로의 상황/사고흔적의 용어와 특성/사고현장의 측정방법/사고현장 사진촬영 방법
		인적조사	인터뷰조사의 개념/인터뷰조사의 방법/인체 상해도에 대한 이해
		차량조사	차량관련 용어의 이해/차량 내·외부 파손부위 조사방법/충격력의 작용방향 판단/차량의 구조적 결함 시 특성 이해/차량 사진촬영 방법
	교통사고 재현론	탑승자 및 보행자 거동분석	충돌현상에 따른 탑승자 거동의 특성/사고유형별 탑승자의 운동 이해/탑승자의 상해도 이해/충돌 후 보행자의 거동특성/사고유형별 보행자의 거동 유형/보행자의 상해도 이해/보행자 충돌 속도의 분석/충돌속도와 보행자 전도거리간의 관계
		차량의 속도분석 및 운동특성	충돌과정 및 방향에 따른 차량 운동 특성/사고유형별 차량의 속도분석/자동차의 일반적 운동특성/선회시의 자동차 운동특성/타이어 흔적의 종류/추락 및 전복 시 속도분석
		충돌현상의 이해	사고흔적과 차량 운동의 이해/충돌 시 발생되는 사고흔적의 종류 및 특성/사고유형별 충돌현상의 특성
		교통사고재현 프로그램	관련용어의 이해/사고재현프로그램의 기본원리 이해
	차량 운동학	기초물리학	벡터와 스칼라의 이해/속도, 가속도의 이해
		운동역학	운동량과 충격량의 이해/일과 에너지의 관계 이해
		마찰계수 및 견인계수	마찰계수 및 견인계수의 정의/사고사례별 견인계수의 산출 및 적용/사고유형별 속도분석
2차	교통사고 조사 분석서 작성 및 재현실무	교통사고조사 분석서 작성방법	분석의뢰내용별 주요 분석사항/분석서의 내용 전개요령
		교통사고조사의 종합적인 지식	사고흔적의 이해와 적용/물리학적 근거의 이해/교통공학 적용/사고유형별 법규 적용/종합적인 사고분석 능력
		도면작성 능력	축척의 이해/좌표법 및 삼각법의 이해/현장측정 도면작성의 정확도

표 109 도로교통사고 감정사 시험과목 및 출제기준

다) 활용정보

교통사과와 관련해 공무를 집행하는 경찰관이나 관련 공무원, 도로관리 국영기업체 및 공공기관이나 일반 교통 관련 기업체 등으로 취업이 가능하며, 도로교통사고감정사 관련 단체의 사설감정인 등으로도 취업할 수 있다.

라) 전망

-도로교통사고감정사는 사고당사자가 직접 의뢰한 「민.형사상의 종합 조사업무」까지 업무영역이 매우 넓어 교통 사고관련 부서인 경찰, 검찰, 법원, 군 헌병 등 공무집행 기관에 수 백명의 공인자격자가 특채될 수 있는 문이 열려있다.

-도로관리 국영기업체나 정부산하기관의 입사조건에 가산점이나 채용조건으로 일정한 혜택을 줄 예정이어서 도로 교통사고감정사 자격증 소지자는 입사할 경우 경쟁력이 매우 크며, 교통사고전담 담당업무를 전담하여 능력을 발 휘할 경우 진급이나 혜택 부문에서 상대적으로 더 많은 대우를 받을 전망이다.

-보험관련업체(보험중개소나 보험대리점 포함), 보험회사의 사고조사부서나 심사과, 일반교통관련기업체(버스회사, 택시회사, 개인택시 조합), 수백업체의 운송.물류회사도 직접채용하거나 업무위탁 또는 에이젼트 계약 등으로 자 격증소지자를 필요로 할 전망이어서 수 천명의 고용혜택이 예상된다.

-교통사고전문 사설감정소나 손해사정사무소 등에도 나이, 성별 불문하고 능력에 따라 취업.개업할 수 있다.

-도로교통사고감정사는 앞으로 수요가 증가하면서 퇴직을 앞둔 교통경찰관이나 보험 및 자동차관련 종사자들은 물론 전문직을 선호하는 일반 자가운전자에 이르기까지 대거 자격증을 취득할 것으로 보여 초창기 자격증 취득자 들은 법무사나 감정평가사, 손해사정사, 세무.회계사처럼 고소득 전문직종으로 각광을 받을 전망이다.

4. 부록-
19-21년 신설된 자격증

4. 부록-2019년-2021년 신설된 국가자격증

가. 빅데이터 분석기사

1) 기본정보

빅데이터 분석기사란 한국데이터산업진흥원에서 시행하는 빅데이터분석기사 시험에 합격하여 그 자격을 취득한 자를 말하며, 빅데이터 이해를 기반으로 빅데이터 분석 기획, 빅데이터 수집*저장*처리, 빅데이터 분석 및 시각화를 수행하는 실무자를 말한다.

또한, 빅데이터분석기사의 필요성을 말하자면, 전 세계적으로 빅데이터가 미래성장동력으로 인식돼, 각국 정부에서는 관련 기업투자를 끌어내는 등 국가·기업의 주요 전략분야로 부상하고 있다. 또한, 국가와 기업의 경쟁력 확보를 위해 빅데이터 분석 전문가의 수요는 증가하고 있으나, 수요 대비 공급 부족으로 인력 확보에 어려움이 높은 실정이다. 이에 정부차원에서 빅데이터 분석 전문가 양성과 함께 체계적으로 역량을 검증할 수 있는 국가기술자격 수요가 높은 편이다.

빅데이터분석기사의 직무는 대용량의 데이터 집합으로부터 유용한 정보를 찾고 결과를 예측하기 위해 목적에 따라 분석기술과 방법론을 기반으로 정형/비정형 대용량 데이터를 구축, 탐색, 분석하고 시각화를 수행한다.

2) 시험정보

가) 응시자격

다음 중 하나에 해당하는 사람
1. 대학졸업자등 또는 졸업예정자 (전공 무관)
2. 기사 등급 이상의 자격을 취득한 사람 (종목 무관)
3. 3년제 전문대학 졸업자등으로서 졸업 후 1년 이상 직장경력이 있는 사람 (전공, 직무분야 무관)
4. 2년제 전문대학 졸업자등으로서 졸업 후 2년 이상 직장경력이 있는 사람 (전공, 직무분야 무관)
5. 기사 수준 기술훈련과정 이수자 또는 그 이수예정자 (종목 무관)
6. 산업기사 수준 기술훈련과정 이수자로서 이수 후 2년 이상 직장경력이 있는 사람 (종목, 직무분야 무관)
7. 4년 이상 직장경력이 있는 사람 (직무분야 무관)

나) 합격기준

필기시험 합격기준	실기시험 합격기준
과목당 100점을 만점으로 1. 전 과목 40점 이상 2. 전 과목 평균 60점 이상	100점을 만점으로 60점이상

표 110 빅데이터 분석기사 합격기준

다) 출제기준 및 시험과목

출제기준(필기)

직무분야	정보통신	중직무분야	정보기술	자격종목	빅데이터 분석기사
○ 직무내용 대용량의 데이터 집합으로부터 유용한 정보를 찾고 결과를 예측하기 위해 목적에 따라 분석기술과 방법론을 기반으로 정형/비정형 대용량 데이터를 구축, 탐색, 분석하고 시각화를 수행하는 업무를 수행한다.					
필기검정방법	객관식	문제수	80	시험시간	120분

필기과목명	문제수	주요항목
빅데이터 분석기획	20	빅데이터의 이해
		데이터 분석 계획
		데이터 수집 및 저장계획
빅데이터 탐색	20	데이터 전처리
		데이터 탐색
		통계기법 이해
빅데이터 모델링	20	분석모형 설계
		분석기법 적용
빅데이터 결과해석	20	분석모형 평가 및 개선
		분석결과 해석 및 활용

표 111 빅데이터분석기사(필기) 시험과목

출제기준(실기)

직무분야	정보통신	중직무분야	정보기술	자격종목	빅데이터 분석기사

○ 직무내용

대용량의 데이터 집합으로부터 유용한 정보를 찾고 결과를 예측하기 위해 목적에 따라 분석기술과 방법론을 기반으로 정형/비정형 대용량 데이터를 구축, 탐색, 분석하고 시각화를 수행하는 업무를 수행한다.

실기검정방법	통합형(필답형, 작업형)	시험시간	180분

실기과목명	주요항목
빅데이터 분석실무	데이터 수집 작업
	데이터 전처리 작업
	데이터 모형 구축 작업
	데이터 모형 평가 작업

표 112 빅데이터분석기사(실기) 시험과목

나. 예방(방역/방제)관리사

1) 기본정보

예방관리사란 가정, 병원, 학교, 교회, 공장, 기관, 시장, 빌딩, 동식물 등등 사회 각 계층에서 방역이 필요한 공간 및 상황에서 방역과 위생에 관련된 문제를 과학적 방역 시스템과 상담을 통해 종합적으로 진단하고 친환경적인 방법으로 전염병 발생 사전 차단(예방) 방역 및 공간별, 상활별 방역을 실시한다. 시민 건강보호를 위한 환경을 관리해줌으로써 감염을 예방하여 건강하고 위생적인 생활을 할 수 있도록 돕는 업무를 담당하는 전문가가 예방관리사이다.

또한 예방관리사의 직무는 올바른 방역 및 방제 환경 개선을 위해 상황별, 공간별 문제점을 진단하고 편리하고 쾌적한 생활 위생환경을 유지할 수 있도록 현장에서 숙련된 업무 수행하는 전문가이다. 이 자격증 시험은 2020년 1월부터 마케팅을 시작하면서 2021년 2월 1일부터 접수, 강의 및 시험을 시작하였다.

2) 시험정보

응시자격은 만 18세이상 고졸이상이며 출석기준은 수강률 80% 이상 이며 수료기준은 출석 40점 시험(과제) 60점 총점 60점 이상자는 자격증이 발급된다. 또한. 관련학과 출신자, 관련 자격증 소지자, 관련 업종 경력자 등은 가산점이 부여된다.

검정기준	자격과정
방역, 방제에 대한 지식 , 관련 제품 및 기술 등의 이해 및 활용, 환경 개선을 위해 공간별 진단 및 개선, 예방 관리 서비스의 지식 등을 가지고 각 공간 방역, 방제 등 예방을 원활하게 수행할 수 있는 직무능력의 유무를 기준으로 한다	1. 방역의 중요성 2. 사회적 거리두기 3. 심리방역 4. 공중보건 및 위생관리 5. 동물·해충 6. 비둘기 퇴치 7. 균류 병원체(바이러스) 8. 식물해충 9. 올바른 농약 사용요령 10. 방역업체 등록 및 운영 11. 방역약제 12. 해충방제제품 13. 소독세정 14. 각종표시판 15. 방역 및 방제 관련법률과 정책 16. 감염병 관리사업 지침 17. 예방관리사의 역할 18. COVID-19관련 폐기물 안전관리대책 19. 가축방역위생관리법 20. 방역방제CS 21. 코로나 감염병 예방 및 관리 22. 개인보호구 착용요령

표 113 빅데이터분석기사(실기) 시험과목

3) 활동 및 양후 전망

예방(방역)관리사는 코로나19와 바이러스로 인해 다양한 심리적 갈등과 스트레스에 노출되는 현대인들의 삶에 있어서 방역 및 방제는 매우 중요한 요소이며,이를 위해 전문적 서비스를 제공하는 상담의 수요는 빠르게 증가되고 있다. 그러므로 이러한 방역 및 방제 서비스 제공능력을 갖춘 예방관리사의 활동영역은 더욱 확대될 것으로 전망되고 있다. 또한, 전국 지부 및 전문센터 운영자 방역(소독) 방제 회사 취업/창업 희망자, 환경 친화적인 방역, 방제 실시하고 방역, 방제 취약지역에 대한 중점적으로 실시하면서 방역소독 기동반 상시로 운영되며 주민자율 예방사를 통한 자율 방역소독 전개하면서, 각 기업의 사업장별 방역관리인, 드론/로봇 방제사 활동적으로 취업 할 수 있다.

다. 3D프린터개발 산업기사

1) 기본정보

3D프린터개발은 시장의 요구사항을 토대로 3차원의 형상을 제작하기 위하여 제어회로, 기계장치, 제어프로그램, 소프트웨어 프로그램등을 사용하여 설계하고 제품을 개발할 수 있도록 제어시스템을 사용하여 3D프린터를 제작할 수 있도록 전문 인력 양성을 통해 우수한 기술 인력을 확보하고자 자격제도에 제정하였다.

3D프린터개발 산업기사 의 수행직무는 3D 프린터 개발을 위한 산업 동향 및 관련 지식을 기반으로 기구, 제어회로, 구동장치, 제어프로그램 등을 설계하고 3D프린터를 테스트 및 안전관리 등의 직무를 수행한다.

2) 자격정보

응시자격에는 제한이 있다.

기술자격 소지자	관련학과 소지자	순수 경력자
· 동일(유사)분야 다른 종목 산업 기사 · 기능사 + 실무경력 1년 · 동일종목 외국자격 취득자 · 기능경기대회 입상	· 대졸(졸업예정자) · 전문대졸(졸업예정자) · 산업기사수준의 훈련과정 이수(예정)자	· 실무경력 2년 (동일, 유사 분야)

표 114 3D프린터개발 산업기사 응시자격

구분	시험과목	검정방법 및 시험시간
필기시험	1. 3D프린터 회로 및 기구 2. 3D프린터 장치 3. 3D프린터 프로그램 4. 3D프린터 교정 및 유지보수	객관식 4지 택일형 과목당 20문항 (과목당 30분)
실기시험	3D프린팅 운영실무	복합형[필답형(1시간, 45점) + 작업형(4시간 정도, 55점)]

표 115 3D프린터개발 산업기사 시험과목 및 검정방법

3) 합격기준

① 필기시험 : 100점을 만점으로 하여 과목당 40점 이상, 전과목 평균 60점 이상.

② 실기시험 : 100점을 만점으로 하여 60점 이상.

4) 필기시험 면제

필기시험에 합격한 자에 대하여는 필기시험 합격자 발표일로부터 2년간 필기시험을 면제한다.

5) 활용정보

3D 프린팅 산업이 성장하면서 다양한 분야의 직업이 등장할 것으로 전망된다. 3D 디자인을 설계하고 모델링하는 3D 프린팅 모델러, 3D 프린터 설치, 운영 및 관리하는 조작원, 3D 프린터의 활용법 등을 교육하는 강사 등의 다양한 일자리가 창출될 것으로 예상된다. 또한, 3D 프린팅전문가는 제조업뿐만 아니라 대학(전문학교 포함), 의료, 교통, 엔터테인먼트, 건설업, 항공우주산업 등으로 많이 진출할 것으로 예상된다.

5. 결론

5. 결론

어떤 기술이나 외국어를 배우든 자격증을 취득해야만 혹은 자격을 인증 받아야만 살아남을 수 있는 시대이다. 기술자를 채용하고자 할 때 똑같은 학력인 경우, 똑같은 경력인 경우, 당신이 경영자라면 관련 분야에 자격증이 없는 사람보다는 자격증을 취득한 사람을 채용할 것이다. 채용 시 처음부터 토익점수가 미달이면 응시하지 못하는 경우도 있다.

이렇듯 자격증이 우리사회에서 갖는 힘은 크다. 현재 자격증은 난무하지만 극심한 취업난 속에서 미래를 위해 어떤 자격증을 취득해야 할지 선택하기란 쉽지 않다. 사회가 복잡해지고 고도화되면서 자격증은 국가자격이든 민간자격이든 더욱 더 세분화되고 있고 같은 분야에서도 다양한 자격증이 나오고 있다.

2020년 말 기준으로 국가가 관리하는 국가자격증 종류는 49개 분야로 구분되며, 총 개수는 482개이다. 민간자격은 종목이 2021년 기준으로 총 44,000개로 급속하게 증가하였으며, 자격증에 국룰을 반영하였다.

4차 산업혁명으로 새로운 분야가 생겨나고 이에 따라 자격증도 새로 생겨나는 상황에서 마구잡이식 자격증 취득은 취업이나 미래에 도움이 되지 않는다. 따라서 본인이 관심 있거나 향후 유망한 분야의 자격증을 알고 그것을 취득하는 것이 필요하다.

직업과 자격증은 밀접한 연관이 있는데 자신이 삼고자 하는 직업에 필요한 자격을 미리 체험해 보고 싶다면 자격증을 먼저 취득하는 것을 권한다. 이론과 실무는 다르겠지만 미리 알고 접근하는 것과 모르는 상태에서 접근하는 것은 적응 속도에서 차이가 날 것이다.

미래 사회의 주역이 되기 위해서는 미래에 대한 공부와 고찰, 그리고 변화에 대한 대비가 필요하다. 지식 기반의 산업이 중심이 될 미래 사회에서 필요한 창조적인 인재가 되는 것은 개인으로서는 행복을 달성할 수 있는 지름길이 될 수도 있다. 미리 앞을 내다보고 자격증을 취득한다면 남들보다 조금 앞선 곳에서 시작할 수도 있을 것이다.

<참고문헌>

[1] 네이버 지식백과 자격증 사전
[2] 국가자격정보조회(큐넷: www.q-net.or.kr)
[3] 민간자격 정보서비스(www.pqi.or.kr/indexMain.do)
[4] 대한상공회의소 자격평가사업단 (http://license.korcham.net)
[5] 한국기술거래사회 홈페이지
[6] 한국교통안전공단 홈페이지
[7] 2020 미래유망신직업
[8] 배움민간자격증센터 홈페이지

초판 1쇄 인쇄 2018년 5월 15일
초판 1쇄 발행 2018년 5월 21일
개정판 발행 2021년 1월 3일

편저 ㈜비피기술거래
펴낸곳 비티타임즈
발행자번호 959406
주소 전북 전주시 서신동 780-2번지 3층
대표전화 063 277 3557
팩스 063 277 3558
이메일 bpj3558@naver.com
ISBN 979-11-6345-327-7(13690)
가격 32,000원

이 도서의 국립중앙도서관 출판예정도서목록(CIP)은 서지정보유통지원시스템 홈페이지 (http://seoji.nl.go.kr) 와 국가자료공동목록시스템 (http://www.nl.go.kr/kolisnet)에서 이용하실 수 있습니다.